커피 지도사
1급

커피 지도사

(사)한국커피협회 지음

목 차

목차

커피 지도사 1급 교재에 관해 알아야 할 사항

커피 지도사 1급 과정은 추출에 의한 커피 향미의 발현 기술을 이론적으로 이해하고 원하는 향미를 구현해 낼 줄 아는 추출전문가(Coffee Brew Master) 양성에 목표를 두고 있다. 이를 위하여 본 교재에서는 첫째, 그린커피에 관한 일반 지식과 추출(Brewing)에 관한 전반적인 지식을 다루고 있다. 둘째, 커피의 향미에 대한 지식을 이해하고 향기나 맛에 대한 의사소통이 원활할 수 있도록 구현하는 기술을 다루고 있다. 서로 의사소통이 가능한 말로 표현할 수 있도록 훈련하게 한다. 셋째, 원하는 커피의 향미를 구현해 내기 위한 추출 방법을 계획하고 설계하는 요령을 제시하고 있다. 이를 위해 필수 추출 이론을 실험을 통해 먼저 정리하여 익힌 후, 이를 적용하여 추출 설계하는 방법을 단계적으로 익혀 나가게 된다. 반복 훈련을 통해, 추출 설계 과정을 숙지하게 되고 나아가 추출 전문가로서의 기술과 능력을 갖추게 될 것이다.

본 교재는 추출에 관한 전반적인 내용을 실험을 통하여 직접 경험할 수 있도록 유도하고 있다. 추출 이론에 대한 필수 실험 조건과 추가적인 기타 실험들을 제안하고 있으며 각 실험마다 그 진행 과정을 상세하게 단계적으로 제시하고 있다. 또한 각 실험마다 그 결과를 기록하여 정리할 공간을 마련해 주고 있고 여러 실험 간의 상관관계까지 살펴보아 실험의 연관성까지 심도 있게 따지고 있다. 교사는 실험에 대한 진행 과정을 손쉽게 설명하여 수업을 이끌 수 있고 그 결과에 대한 결론을 토의를 통하여 기록하고 정리할 수 있다. 학습자는 커피 추출에 관한 기본 지식은 물론, 실험에 대한 진행 과정을 단계적으로 쉽게 인지하고 실습에 임할 수 있다.

커피 지도사 1급에서 다루는 실험들에서 적용하는 공통적인 사항은 다음과 같다.

1) 사용 원두

(1) 로스팅 정도

사진				
명칭	약볶음	중볶음	약강볶음	강강볶음
Agtron #	#70±3	#60±3	#50±3	#40±3
로스팅 시간	8분	9분	11분	12분

(2) 분쇄 정도

	굵은 분쇄 (Coarse)	1.0mm 이상
	중간 분쇄 (Regular)	0.7~1.0mm
	고운 분쇄 (Fine)	0.5~0.7mm
	에스프레소용 분쇄 (Espresso)	0.3mm 미만

2) 물 온도

명칭	온도	비고
고온	96℃ 이상	끓인 직후
중온	92℃ 이상 ~ 96℃ 미만	–
저온	92℃ 미만	–
상온	25℃	표준 온도

3) 주요 사용 조건

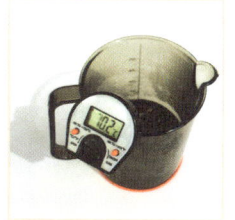
온도(예 : 70.2℃)

시간(예 : 1분 30초)

물양(예 : 150g)

커피양(예 : 20g)

4. 사용 도구

커피포트

커피 그라인더

스톱워치

클레버드리퍼 또는 드리퍼

서버

미세저울(0.1g단위)

교반 스틱

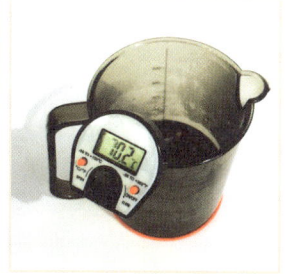
온도계

CHAPTER 1

교육학 이론

강의 콘텐츠 계획 및 강의안 작성 요령

목표

- 강의 콘텐츠를 선정하고 구성하며 계획해 본다.
- 강의안 작성 요령을 알아본다.

강의 콘텐츠 계획 및
강의안 작성 요령

1. 강의 콘텐츠 계획

강의 콘텐츠는 강의할 내용을 의미한다. 강의할 내용을 어떻게 선정하고 전달하는지에 따라 교육의 질은 확연히 달라진다.

조관일(2013)은 "물 흐르듯이 능변을 하지만 강의에 알맹이가 없고 내용이 유치하다면 '저 사람은 말재주가 뛰어난 사람이구나!'라고 느낄 뿐, 저질 강사로 낙인찍히기 십상이다. 좋은 내용을 제대로 된 강의 목적에 맞추어 전달하는 것이 올바른 강의이다. 강사의 말재간으로 본질을 혼동하고 수준 낮은 강의에 현혹되는 시대는 이미 지났다"고 말하며 좋은 강사는 강의할 콘텐츠(내용)를 잘 만들 줄 아는 사람이며, 궁극적으로 훌륭한 강의는 강의 기술과 내용이 알찬 콘텐츠를 갖추고 있어야 함을 강조하고 있다.

영어로 '콘텐츠(Contents)'는 내용을 말한다. 강의할 내용을 선정하고 계획하며 어떻게 전달할 것인지를 설계해 보는 과정은 매우 중요하다. 한 과목의 전체 교육 과정 속에서의 흐름과 전개상의 연계성을 유지시키는 것은 의도하는 최종 목표의 도달점으로 나아가기 위한 필수적인 일이다. 따라서 현재 진행하고 있는 수업은 이전 수업 시간과 이후 수업 시간의 연계된 진행으로 자연스럽게 이루어질 수 있도록 콘텐츠를 선정하고 구성하며 계획해 나가야 할 것이다.

1) 콘텐츠 계획하고 구성하기

강사가 단순히 지식을 가르친다는 입장에서 탈피하여 학습자의 자발적이고 각자의 개성을 신장시켜주는 '산 학습'을 전개하는 데(이지중 외, 2012)에 목표를 두고서 학습을 계획하고 준비하는 것이 필요하다.

(1) 먼저, 강의 콘텐츠 단원 구성하기

대부분의 교과에는 대단원과 여러 개의 중단원 또는 소단원으로 구성된다. 단원 구성과 편성은 지역과 교육 환경, 학생의 학습 능력에 따라 차이가 나므로, 강사는 이미 만들어서 제시되고 있는 전체 교과 과정의 단원 계획들을 먼저 재구성할 줄 알아야 한다.

단원 계획 속에는 [표1-1]과 같이 전체 교육 과정의 흐름을 한눈에 알 수 있도록 다음의 항목을 포함시켜야 한다. 1) 단원명, 2) 세부 단원, 3) 학습 내용, 4) 단원의 전개 계획, 5) 지도상 유의점(전라남도교육청, 2009을 재구성) 등이 일반적으로 포함되어 있으나 학습자의 특성에 맞게 강사가 재량껏 정립하여 지도해야 한다.

【표1-1】 그린커피 교육 중 품종 부분만 나열한 것

단원명	소단원	학습 내용	단원 전개 계획	지도상 유의점
품종	그린커피 품종	• 커피 품질의 결정 요소 • 식물학적 품종 및 특성과 세계 3대 커피 품종 구별하기	강의식, 그룹 토의식	
	산지별 그린커피 품종	• 산지별 그린커피 품종을 알고 구별하기 • 개량된 그린커피 품종을 찾아보기		

예를 들어, 그린커피(Green Coffee, 생두) 교육 과정을 계획해 본다면, 위와 같이 단원 계획을 한 과목 기준으로 먼저 나열해 보아야 한다. 그린커피 교육은 어떠한 품종으로 재배하여 수확하고 가공한 후 저장하고 유통하는지에 대한 일련의 전반적인 과정을 다룬다. 따라서 품종-재배-수확-가공-저장-유통의 과정을 통틀어서 포함하는 전반적인 단원들을 일목요연하게 열거해 보아야 한다.

(2) 강의 주제와 제목 정하기

강사가 강의를 의뢰받을 때, 두 가지 경우가 있다. 첫째는 강의할 목적과 여건에 따라 강의 콘텐츠가 이미 구체적으로 정해져 있는 경우이거나, 둘째는 대략적인 제목만 제공하여 강의 내용과 상세 주제를 강사가 직접 결정해야 하는 경우가 있다. 전자는 이미 주어진 주제와 제목에 따라 강의의 전달 방법과 흐름에 준하여 수업 진행을 구성하면 되지만, 후자는 강의 내용을 잡기 위해 연구와 문헌 조사를 통해 강사가 주제와 제목을 구체적으로 구성해야 하는 경우이다. 여기서는 후자에 초점을 두고자 한다.

강의를 하고자 할 때 무엇을 강의할까를 먼저 생각하게 된다. 이때 정해지는 것이 강의 주제이다. 주제는 강의할 방향 및 전반적인 내용을 잡는 것이다. 주제를 잡았다면 조금 더 구체적인 구성 내용 및 콘셉트를 구성하는 것이 강의 제목이 된다. 예를 들어, '강의안 작성'이 주제라면 '강의안 작성 방법 및 요령'은 구체적인 제목이 될 수 있다.

커피 교과에 적용시킨다면, [표1-2]와 같이 '그린커피 교육' 교과에서 1단원 품종에서 소단원이 주제가 되고 최종 목표가 되며 이를 달성하기 위해서 채워 나가는 세부 학습 내용들이 제목이 된다. 주제와 제목을 이름 짓는 것은 다양한 책을 섭렵한 강사의 능력이다. 제목은 주제를 잘 나타내고 있어야 하고 학습자의 관심을 이끌어 내야 하며 독창적이고 창의적이라면 더욱 효과적일 것이다. 식상한 강의 제목은 학습자의 호기심을 자극할 수 없을 것이다.

【표1-2】 그린커피 교육 중 품종 단원의 주제 및 제목

단원명	소단원(주제)	학습 내용(제목)	단원 전개 계획	지도상 유의점
품종	그린커피 품종	• 커피 품질의 결정 요소 • 식물학적 품종 및 특성 • 세계 3대 커피 품종	강의식, 그룹토의식	
	산지별 그린커피 품종	• 산지별 그린커피 품종 • 개량된 그린커피 품종		

(3) 최종 단원 지도 계획

①에서 단원을 먼저 선정하고 ②에서 주제와 제목을 결정했다면, 이를 실제 수업에

적용하기 위해서는 시간을 얼마나 배정하고 어떻게 수업을 전개하며 평가할 것인지에 대한 구체적인 계획이 필요하다. 이 계획을 먼저 생각해 보면 수업에 사용되는 학습 자료와 보조 매체를 선택하여 미리 개발할 수 있다.

단원 지도 계획 양식은 [표1-3]과 같이 본 차시가 속해 있는 소단원명, 배정 시간, 차시, 학습 목표 및 학습 내용, 학습 방법 및 평가 계획, 학습 자료 및 수업 매체 등을 포함한다.

【표1-3】단원 지도 계획 양식(김승희 외, 2011, 188)

소단원	시간	차시	학습목표 및 학습 내용	수업방법 및 평가계획	학습자료 및 수업매체	비고

【표1-4】그린커피 교육의 최종 단원 지도 계획 실 예

소단원	시간	차시	세부 단원	중심 학습 내용	수업방법 평가 계획	학습자료
품종	3	1	그린커피의 품종	• 강의 개요 • 커피 품질의 결정하는 요소들 알기 • 그린커피의 품종을 살피고 선별하기	강의법, 토론법, 실습법	그린커피, 수업PPT
품종	3	2	산지별 그린커피의 품종	• 산지별 그린커피 품종 살피고 구별하기 • 개량된 품종 살피고 구별하기	강의법, 토론법, 실습법	그린커피, 수업PPT
경작	3	3	체리의 구조와 성장	• 커피나무 및 체리의 구조 알기 • 커피 체리의 숙성 정도에 맞게 체리 분류하기	강의법, 토론법, 실습법	커피체리, 그린커피, 수업PPT
경작	3	4	경작법	• 커피나무 경작법 알기 • 지역별, 품종별 경작법 알기 • 그린커피 심어 보기	강의법, 실험, 실습법	그린커피, 컵, 모래, 수업PPT
:	:	:	:	중략		

2. 강의안 작성 요령

교수-학습 지도를 위한 계획안은 종전에는 수업안 또는 교안이라고 하였으나 수업-학습 계획안, 학습 지도안, 학습 보도안, 단원 전개안 등 다양하게 불려 왔다. 여기에서는 '강의안'이라고 하며 실제 수업이 이루어지는 계획안을 말한다.

강의안을 수업 전에 작성해 봄으로 수업 활동 방향을 미리 설정할 수 있고, 학생이 도달해야 하는 목표를 분명히 인식할 수 있으며, 교사와 학생간의 학습 활동도 예측할 수 있어 수업 효과를 극대화시킬 수 있다(김승희 외, 2011). 강의안은 연극의 대본처럼 강의하는 시나리오를 완벽히 준비하는 것과 같다(조관일, 2013)고 볼 수 있다.

커피 교육을 위한 교수 설계 모형은 정교화된 ADDIE 모형을 기반으로 하되, 강의안 작성 모형은 더욱 간결한 모형인 한국교육개발원 수업 모형 [그림1-1]을 기반으로 강의안을 작성해 나갈 것이다.

[그림1-1] 한국교육개발원에서 제시한 수업 모형(이지중 외, 2012, 137)

한국교육개발원에서 제시한 수업 모형은 어느 학년, 어느 교과에서든 사용할 수 있고 각 교과의 특성을 최대한 살려 각 하위 요소들을 기술할 수 있다. 먼저, 계획 단계에서는 교사가 학습 과제를 분석하여 수업을 계획하는 단계이고, 진단 단계는 학습을 할 준비가 되었는지를 진단하여 수업 진행 조치를 취하는 단계이며, 이에 맞추어 지도 단

계는 도입, 전개, 정착 순으로 본 수업이 이루어지는 단계이다. 발전 단계는 학생의 학습 성취도를 평가하여 그 결과에 따라 심화 및 보충을 제공하는 단계이고, 끝으로 평가 단계는 수업이 끝난 뒤 최종 종합적으로 평가하여 그 결과를 다음 학습에서 활용하는 단계이다(이지중 외, 2012).

1) 강의안 계획 및 진단 단계

강의안을 만들기 전에 실제 수업할 학습 내용은 무엇이고, 어떻게 전개하고 실천할 것인지를 분석하고 계획하는 단계이다. 건물을 지을 때 설계와 같은 격으로, 얼마나 완벽하게 잘 지었는가에 따라 건물의 수준은 달라진다. 말재주 비법보다 충실한 강의 내용의 구성이 더 중요하다는 것이다.

조관일(2013)은 명강의를 위한 수업을 계획하기 위해서 육하원칙에 따라 기준을 따지고 있다.

(1) 누가

'누가 강의하는가?', '경험이 있는 사람인가? 없는 사람인가?'에 따라 강의는 달라질 수 있다.

(2) 누구에게

학습자의 수준과 특성에 따라 강의 계획은 달라진다. 학습자의 성별, 학력 수준, 나이, 직업, 문화, 환경 등에 따라 구사어가 달라지고 내용이 달라지며, 보조 도구가 달라질 수 있다.

(3) 무엇을

강의 주제와 목적을 명확히 인식하고 계획을 수립해야 한다. 이때, '왜' 라는 항목과 잘 연결하여 '왜 그 강의를 하게 됐는지?', '왜 그런 주제를 잡았는지?', '왜 학습자가 그 강의를 들어야 하는지' 등에 답할 수 있어야 한다.

(4) 왜

왜 강의를 해야 하는 가를 바르게 인식하는 것도 중요하다. 강의 주최의 의도와 사정을 잘못 파악하면 강의에 대한 효과는 없어지게 된다. 한편, 학습자도 왜 강의를 들어야 하는지를 알게 되면 강의에 대한 욕구와 흥미는 자동 유발될 것이다.

(5) 어떻게

'보조 도구를 활용할 것인지?', '실습 위주의 수업인지?', '강의 위주의 수업인지?' 강의 형태를 계획해야 한다.

(6) 어디서

강의 장소가 어떠한가에 따라 강의 계획은 달라진다. '야외인가 실내인가?', '수강 인원이 많은가? 적은가?', '날씨가 어떤가?', '하루 중 언제 강의를 하는가?'에 따라 달라진다. 또 학습자의 자리 배치, 기타 시청각 기재의 여부 등에 따라서도 달라질 수 있다.

(7) 기타

강의 시간 배정에 따라, 즉 장기간의 연계가 필요한지, 단기간 강의인지에 따라 강의 계획의 수립은 달라져야 한다.

위의 질문에 답하면서 개괄적인 강의계획서를 먼저 열거해 보자. 어떤 내용을 어떤 순서로 말할 것인지를 대략적으로 만드는 것이다. 대다수의 강사는 대략적인 강의계획서를 생략하고 바로 강의안 작성으로 들어가기도 한다. 하지만 새롭게 새로운 내용으로 강의 계획을 세울 때는 주제를 어떻게 풀 것인지? 머릿속에서 구상하고 수정하고 상상하면서 점차 구체적인 계획서를 만들어내야 한다. 강의 계획서는 일명 '항목열거법'이라고 명하기도 하는데, [표1-5]와 같이 열거해 본다.

【표1-5】 강의계획서 열거

전개 순서	내용	비고
도입		
내용1 내용2 : : 마무리 정리		

【표1-6】 실전 강의계획서 열거

전개 순서	내용	비고
도입	• 그린커피에 관한 동기유발 질문 2~3가지 던지기 • 그린커피 수업의 목표 제시하기	
내용1 내용2 : : 마무리 정리	• 그린커피란? • 그린커피 향미 결정 요소 설명하기 • 그린커피 구조 및 특성 설명하고 눈으로 확인시키기 • 그린커피 품종 설명하며 사진 제공하기 : : • 관련 질문을 2~3가지 던지며 마무리 정리	

[표1-5]를 거친 후, 열거한 항목들을 묶거나 관련지어 필수적으로 해야 할 행동만을 추려서 정리해 둔다.

2) 지도 단계

(1) 강의안 만들기

위의 개괄적인 강의 계획을 열거한 목록을 토대로 더욱 정밀하고 구체적인 강의안을 만들어 본다.

강의는 정해진 시간의 승부이다. 강의안이 없는 강의는 실패할 확률이 높다. 정해진 수업 시간 안에 불필요한 낭비를 줄이고 가장 알찬 내용을 학습자에게 전달해야 한다. 따라서 충실한 강의안이 필수 조건이다. 강의안을 작성하면서 내용을 논리적으로 구성하고 전개해가는 과정에서 강사의 지적 수준도 함께 높아진다. 지난번에 강의한 강의안은 다음 강의의 중요한 참고 자료가 되며 다음 강의를 계획할 때 수정 보완의 표본이 될 수 있다.

강의안 작성을 위한 기준 양식은 강사의 목적과 편의에 의해 다양하게 작성할 수 있으나 여기서는 한국교육개발원 수업 모형에서 사용하는 강의안 작성 양식을 토대로 하고, 한정선 외(2011)가 제시한 다음의 기준 사항들을 고려하여 [표1-7]과 같은 강의안 작성 기준 양식을 설정해 보았다.

① 단원명 및 단원의 수업 목표
② 학습의 특성 및 실태
③ 단원 지도의 기본 방침 및 지도 중점 사항
④ 단위 시간별 학습 내용, 학습 진행 과정, 교수-학습 활동의 내용과 방법, 교재 및 교구, 학습 지도 시 주의사항 등
⑤ 학습 내용
⑥ 학습 목표를 달성했는지를 확인할 수 있는 평가 방법

【표1-7】강의안 작성 기준 틀

단원명			차시		강사명	
수업 목표						
학습 환경 및 학습자의 특성						
준비물						

학습 지도 단계	수업 내용	교수-학습 활동		시간	교재 및 교구	지도상의 유의점
		교사	학생			
도입 전개 정리						
형성 평가						
과제 제시						
교수 방법						

커피 지도사 1급

위의 강의안 양식을 적용하여 한 차시의 실제 수업을 작성해 보기로 한다.

강의안을 작성할 때는 먼저, 연간 및 월간의 년원 계획을 작성하고 난 후 주가 및 일간의 단기 강의안을 작성하고, 그 후 현재 차시에 대한 교과 내용을 도입, 전개, 정리 단계의 순으로 진행 과정을 기술해 나간다.

좀 더 구체적으로 한 차시의 수업의 진행 과정을 살펴보면, 학습준비-도입-전개-정리-평가의 일련의 단계를 거친다.

① 학습 준비 : 수업할 학습 목표를 제시하고 강의 개요를 소개하면서 주의를 집중시키고 학습자 동기를 유발시킨다.

② 도입 : 이전 수업 시간에 학습되어야 하는 선수학습 정도를 파악하고 그 차이를 확인한 후 수업 전개 방향을 조정하여 본 수업을 준비한다. 학생의 수준을 파악하고 동기 유발 활동을 포함시켜 학습자 스스로가 수업에 임할 수 있도록 준비시킨다. 전체 학습 활동 중에서 가장 중요한 부분으로서 한 차시 수업의 성공 여부가 여기에 달려 있다. 도입에서는 학습할 내용의 명확한 목표와 문제의식, 방향을 제시하고 학습하려는 의욕이 일어나도록 이끌어 주어야 한다. 학습 준비와 도입 단계를 합쳐서 전체 수업 시간의 10~15% 정도를 할애하도록 한다.

③ 전개 : 본 수업이 이루어지는 단계로서 학생의 이해 수준에 맞추어 경험하고 활동할 수 있도록 이끌어 간다. 이때 이론적 개념 전달을 위해 다양한 학습 방법과 보조 자료 및 도구를 활용하여 용이하게 학습 목표에 도달할 수 있도록 한다. 일방적인 의사전달이 아니라 쌍방적인 교수-학습이 이루어지도록 한다. 전체 수업 시간의 75~80% 정도를 할애하도록 한다.

④ 정리 : 수업의 마지막 정리 단계에서는 중점된 내용을 요약하거나 재인식시켜 강의의 효과를 극대화시키도록 한다. 학습한 전체 내용을 총괄하여 조직하고 결론짓는 종결 단계로서 수업이 끝날 무렵 바로 수행한다.

⑤ 평가 : 평가를 통해 목표를 얼마나 달성했는지를 파악하고 미비한 점이 있다면 차후 피드백하여 수정하고 보완하도록 한다. 설명하고 이해한 학습 내용을 요약하고 결론 내리고 일반화하기 위하여 학습자를 평가하는 것으로 목표 달성했는지를 알아본 후 보충 수업이나 심화를 위한 수업으로 나아가도록 한다. 정리와 평가 단

계를 합쳐서 전체 수업 시간의 5~10% 정도를 할애하도록 한다.

교수-학습의 단계별 주요 활동을 정리해 보면 [표1-8]과 같다.

【표1-8】교수-학습의 단계별 주요 활동(김승희 외, 2011, 179; 변영계, 1999; 유승우 외, 2010)

지도 단계	주요 활동	시간
도입	• 학습 동기 유발 • 학습 목표 제시 • 선수학습 확인 및 관련짓기	5-10분
전개	• 학습 내용 제시 • 학습 자료 활용 • 학습자 참여 방법 제시 및 확인 • 다양한 수업 방법 활용	30-40분
정리 및 평가	• 시간 조정 및 관리 • 학습 내용 요약·정리 • 연습 및 형성 평가를 통한 • 일반화(보충이나 심화) • 다음 차시 예고	5-10분 이내

【표1-9】실전 강의안 작성 : 그린커피 교육 중 품종 파트

단원명	그린커피 품종	차시	1	강사명	
교육 목적	• 커피 향미 결정 요소를 알고 커피 향미에 영향을 주는 주요 요소 중의 하나인 그린커피에 대해 말할 수 있다. • 그린커피 품종의 특성을 알고 그린커피를 직접 보고 구분할 수 있다. • 그린커피 품종별 커피의 맛과 향의 특성을 알고 그 향미를 비교하고 표현할 수 있다.				
학습 환경 및 학습자의 특성	• 학습 시간 : 3시간 • 학습 인원 : 8명 • 이전 연계 학습 내용 : 연관된 수업 없음 • 본 수업 이후 연계 학습 내용 : 산지별 그린커피 구별, 로스팅				

준비물	• 그린커피 콩 체험 그린커피 : 아라비카와 로부스타 　　　　　　티피카와 버번, 그 외 품종 　　　　　　대륙별 – 에디오피아, 중미 쪽 • 커피의 향미 체험 커피 : 아라비카와 로부스타 원두 　　　티피카와 버번, 그 외 품종 원두 　　　대륙별 – 에디오피아, 중미 쪽 원두 용품 : 그라인더, 종이 필터, 서버, 드리퍼, 커핑스푼, 전기포트, 찌꺼기 통, 커핑지 • 커피콩 심기 체험 파치먼트, 흙, 종이컵					

학습 지도 단계	수업 내용	교수–학습 활동		시간	교재 및 교구	지도상의 유의점
		교사	학생			
도입	그린커피 개념 및 학습 준비	1. 학습자 선수 지식 　파악 질문1) 커피 향미에 영향을 미치는 요소는 무엇인가? ①그린커피 ②로스팅 ③추출 ④ Enjoying 질문2) 커피 향미를 좌우하는 가장 중요한 요소는 무엇인가? 그린커피 2. 커피 향미 결정 요소 정리 (그린커피의 중요성 인식) 3. 수업 학습 목표 및 학습 과제 제시 4. 그린커피란?(기본 개념 및 용어 정리)	• 선수 지식 질문에 응답 • 커피 향미 결정 요소 개념 파악 • 그린커피 교육의 필요성 인식 • 학습 목표 및 과제 파악	15분		흥미 유발
전개						
정리						
형성 평가						
과제						
수업 전략						

참 고 문 헌

▫ 가영희, 성낙돈, 김수현, 장청옥, 『교과교육론』, 동문사, 2011

▫ 강현석, 주동범, 『현대 교육과정과 교육평가』, 학지사, 2004

▫ 곽병선, 『교육과정』, 서울:배영사, 1983

▫ 권성호, 『교육공학의 탐구(제 3판)』, 양서원, 2011, 131–132

▫ 김대현, 김석우, 『교육과정 및 교육평가(4판)』, 학지사, 2005

▫ 김수천, 『교육과정과 교과』, 교육과학사, 2003

▫ 김승희, 이성주, 전희정, 이순덕, 채형렬, 권재한, 『교직실무』, 공동체, 2011

▫ 김찬종, "포트폴리오 교수–학습 및 평가 = Portfolio instruction and portfolio assessment : 과학교 과를 중심으로", 『교육과학사』, 2012, 239

▫ 박남기, "최고의 교수법", 생각의 나무, 2011

▫ 박도순, "교육과정 평가", 중앙교육평가원, 교육평가의 이론과 실제, 『교육평가연수자료』, 1989, 237–303

▫ 박성익, 강명희, 김동식, 『교육공학 연구의 최근동향』, 교육개발원, 1998, 402

▫ 박현주, 『교육과정 개발의 모형과 실제』, 교육과학사, 2005, 59–103

▫ 변형계, 『교수.학습 이론의 이해』, 서울:학지사, 1999

▫ 변영계, 김영환, 손미, 『교육방법 및 교육공학』, 학지사, 2009

▫ 서울특별시교육연구정보원, 『수업컨설팅 사례 분석을 통한 수업컨설팅 활성화 방안 개발 연구』, 2006

▫ 신재한, 『교육방법 및 공학 이론과 실제』, 태영출판사, 2011

▫ 신재한, 『교육과정의 이론과 실제』, 태영출판사. 2012

▫ 신재흡, 『교육방법 및 교육공학의 이론과 실제』, 동문사, 2012

□ 오만록, 『교육과정론』, 동문사, 2010, 2, 13 14, 217~257

□ 이지중, 이상현, 조정호, 이현주, 『실기교육방법론』, 태영출판사, 2012.

□ 조규락, 김선연, 『교육방법 및 교육공학(교육공학의 3차원의 이해)』, 학지사, 2006

□ 조벽, 『명강의 노하우 & 노와이』, 해냄, 2013

□ 조벽, 『수업컨설팅』, 해냄, 2011

□ 조용개, 심미자, 이은화, 이재경, 손연아, 박선희, 『교수전략』, 학지사, 2009

□ 채정현, 박미정, 김성교, 한주, 『가정과교육론』, 교문사, 2011, 137~140

□ 한순미, "개별화 교수-학습에서의 평가 방안 : 역동적 평가를 중심으로", 『교육방법연구』, 제20권 제1호, 2008, 49~73

□ Barrows, H. S. Practice-Based Learning:Problem-Based Learning Applied to Medical Education. Springfield, IL:Southern Illinois University Medical School, 1994

□ Barrows, H. S., & Myers, A. C. Problem-Based Learning:Problem-Based Learning applied to medical education. Springfield, IL:Southern Illinois University Medical School, 1993

□ Keller, J. M, Motivation by design. Tallahassee, FL:John Keller Associate, 1993

□ Hatfield, Susan(ed), The seven principles in action : Improving undergraduate education, Anker Publishing Company, 1995, 132~139

□ Glaser, R., Toward a behavioral science base for instructional design. In R. Glaser(Ed.), Teaching machines and programmed learning, II. Washington, D.C.:National Education Association, 1965

□ Posner, G. J. and Rudnitsky, Alan N., Course Design : A Guide to Curriculum Development for Teacher. 7th. NewYork : Longman, Inc.

□ Reigeluth, C. M.,TICCIT, to the future:Adevances in instructional theory for CAI, Journal of computer-Based Instruction, 1979, 6(2), 40~46

□ Tyler, R. W., Basic Principles of Curriculum and Instruction, Chicago : University of Chicago press, 1949 재인용:오만록, 『교육과정론(제3판)』, 동문사, 2012, 227

CHAPTER 2

커피 이론 심화

- 커피 개론 심화
- 커피 추출의 기본 원리 이해

목표

- 커피 추출의 가장 큰 영향을 미치는 그린커피의 품종, 생육 조건, 수확, 가공, 보관에 대해 이해한다.
- 커피 추출에 대한 기본 원리를 이해하고 정리한다. (커피 지도사 2급 선수학습 능력)
- 커피의 기본적인 향미에 대해 알아본다.

커피 개론 심화

1. 커피의 역사

커피의 발견은 여러 가지 설이 있으나 일반적으로 에티오피아의 목동인 '칼디(Kaldi)의 전설'이 가장 널리 알려져 있으며, 아라비카 커피의 기원은 에티오피아의 고원지대인 카파(Kaffa) 지역이다.

커피라는 말의 기원은 고대 아랍어 '카와(Qahwah,와인의 의미)'에서 유래하여 터키어 '카베(Kaveh)'를 거쳐 탄생했다고 전해진다. 커피나무는 처음 예멘(Yemen)에서 경작이 시작되었으며, 초기에는 약용 또는 식용으로 사용되다가 이슬람 문화권에서 음료로 발전되었다. 인도 출신의 바바 부단(Baba Budan)이라는 이슬람 승려가 커피 씨앗을 훔쳐 인도의 마이소어(Mysore) 지역에 커피를 심게 되면서 전파되기 시작하였다.

유럽에는 베니스 상인들에 의해 처음 커피가 알려졌다. 1658년 실론(스리랑카), 1690년 인도네시아 자바에서 유럽 국가 중 처음으로 네덜란드가 커피를 경작하게 된다.

1) 프랑스

프랑스 최초의 커피숍 프로코프(Cafe de Procope)는 1686년 프로코피오 콜텔리(Procopio Colteli)에 의해 문을 열었고, 프랑스 해군 장교 끌리외(Gabriel Mathieu de Clieu)가 1720년 카리

브 해에 있는 마르티니크(Martinique) 섬에 커피를 이식하였다.

2) 영국

유태인 야곱(Jacob)이 1650년 영국 최초의 커피하우스를 오픈하였고, 1652년 파스콰 로제(Pasqua Rosee)가 런던 최초의 커피하우스를 열었다.

3) 미국

1696년 뉴욕에서 최초의 커피숍 더 킹스 암스(The King's Arms)가 문을 열었으며, 1773년 보스턴 차사건 이후 홍차 대신 커피를 마시면서 대중에게 널리 보급되기 시작하였다.

4) 우리나라

아관파천 당시 고종황제가 우리나라 최초로 커피를 마신 것으로 알려져 있었으나 최근에 발견된 문헌들에 의하면 그 전부터 커피를 마신 기록이 나오고 있다.[1]

1896년 아관파천 이후 고종은 덕수궁 내 서양식 건물인 정관헌에서 커피를 즐겨 마셨다고 한다. 그 당시 커피는 서양에서 들어온 국물이라 하여 '양탕국'이라 불렸다. 한편, 우리나라 최초의 커피하우스는 손탁호텔이다. 또 다른 기록에는 1927년에 영화감독 이경손이 인사동 3층짜리 벽돌 건물에 최초로 다방 '카카듀'를 열었다고 한다.

---

1) 1883년 7월 조미통상조약에 따라 미국에 파견된 조선인 사절단 '보빙사'의 통역을 맡았던 미국의 천문학자 퍼시벌 로웰은 그해 12월 조선을 방문해 3개월간 한양과 근교의 명승지를 두루 둘러보고 고국으로 돌아갔다. 1888년 뉴욕 발행(서울역사박물관에서는 1885년으로 인정하고 있다) 여행기 '조선, 고요한 아침의 나라(CHOSON, The Land Of The Morning Calm)'를 통해 미국에 조선을 널리 알리게 되었다. 본문 중 "We mounted again to the House of the Sleeping Waves to sip that latest nouveautē in Korea, after-dinner coffee.(우리는 다시 '잔잔한 파도의 집'에 올라 당시 조선 내 최신 신문물인 저녁 식후 커피를 조금씩 마셨다.)"라는 문장에서 'the House of the Sleeping Waves'는 지금은 터만 남아 있는 마포의 '담담정'으로 추정되고 있다. ("MBC 방송 네트워크 특선, E981, 커피 in 아시아커피, 아시아를 여행하다."에서 발췌)

2. 그린커피의 이해

1) 식물학적 특성에 따른 그린커피의 분류

커피의 삼대 원종은 코페아 아라비카(Coffea arabica), 코페아 카네포라(Coffea canephora), 코페아 리베리카(Coffea liberica)이다. 아라비카와 로부스타는 현재 여러 가지 종으로 개량되고 교배되어 왔다. 『커피 지도사 2급』에서 원종에 가까운 두 가지 주요 품종인 티피카와 버번 벨메료에 대하여 알아보았다. 아래에는 현재 상업적으로 재배되고 있는 품종들을 분류하였다.

(1) 문도노보(Mundo-Novo)

브라질에서 발견된 버번종과 수마트라(티피카)의 자연교배종이다. 환경적응성이 높고 병충해에 강하다. 생산량은 많으나 성장이 느린 단점이 있다. 콩의 크기는 다양하며 보통 나무의 높이는 3m 이하로 유지한다. 3m 이상이면 기계 수확에는 적합하지 않기 때문에 매년 나무의 윗부분을 가지치기 해 준다. 1950년경부터 브라질 전체 토지에서 재배가 시작되어 현재는 카투라, 카투아이와 견주는 브라질 주력 품종이 되었다. 신맛과 쓴맛의 밸런스가 좋고 맛이 재래종에 가깝기 때문에 이 품종이 처음으로 등장했을 때 장래성이 기대되어 문도노보(신세계의 의미)라는 이름이 붙여졌다. 문도노보 중 CP379-19, CP387-17e, MP376-4, MP0386-2의 4가지 종류가 많이 재배되고 있다.

(2) 카투라 벨메료(Caturra Vermelho)

카투라는 버번의 돌연변이로 1951년 브라질에서 발견되었다. 버번과 같은 모양의 종자를 가진 키가 작은 품종이다. 녹병에 강해 커피 품종 개량의 주요 핵심이 되는 품종이다. 그린커피의 크기는 작은 편이지만 신맛이 강하고 품질은 상당히 좋은 편이다. 그 외 카투라 아마레로(Caturra Amarelo)는 카투라 벨메료(Caturra Vermelho)와 거의 같은 품종으로, 수확량이 카투라 벨메료보다 조금 더 많다.

(3) 카투아이 벨메료(Catuai Vermelho)

문도노보의 결점을 보완하기 위해 카투라 벨메료와 교배한 종이다. 생산성은 카투라보다 양호하고 키가 작아 수확이 쉽다. 강한 비바람에도 체리가 떨어지지 않는 편이고, 생육 시 충분한 비료 공급이 필요하며 병충해에 강하다. 3년부터 수확 가능하나 생산 가능 능력은 10년으로 짧은 편이다. 환경 적응력과 병충해에 대한 저항력이 높고 매년 수확이 가능하다. 문도노보에 비해 맛이 단조롭고 감칠맛이 떨어지며 향이 약한 편이다. 카투아이(Catuai)라는 말은 브라질 원주민어로 '매우 좋다(very good)'라는 뜻으로, 문도노보와 함께 브라질의 주력 상품이 되었다.

(4) 마라고지페(Maragogype)

1870년 브라질 바이아주 마라고지페라는 지역에서 발견되었다. 티피카의 돌연변이종으로 생산성이 극히 낮은 대형종이다. 스크린 사이즈 19 이상의 큰 콩으로 '코끼리빈'으로 불린다. 다소 특별한 맛은 없지만 외견이 뛰어나기 때문에 진귀하게 여기기도 하였다. 나무의 키는 높고 생산성은 낮은 편이다.

(5) 파카스(Pacas)

버번보다 커피나무가 작은 돌연변이종으로 엘살바도르에서 1949년에 발견됐다. 파카스와 마라고지페의 교배종인 파카마라(Pacamara)는 1958년 엘살바도르에서 개발되었다.

(6) 게이샤(Geisha)

1931년 에티오피아에서 획득한 것을 1931~1932년도에 케냐로 보내게 되는데, 그때 붙여진 품종이 아비시안(Abyssinian)과 게이샤(Geisha)이다. 이후 탄자니아(1936년), 코스타리카(1953년)를 거쳐 파나마에 이식된 것이 지금의 게이샤이다. 향긋한 꽃 향이 강하며 마일드하고 산뜻한 맛을 가지고 있다.

(7) 켄트(Kent)

켄트에 의해 인도에서 1911년 발견된 종으로 CLR(Coffee Leaf Rust:커피 나뭇잎 빙)에 대한 저항력이 크다. 인도를 대표하는 품종으로 생산성이 높고 병충해에 강하다. 티피카와 타품종의 교배종이라는 말이 전해지고 있다.

(8) 하이브리드 데 티모르(HdT, Hibrido de Timor) = 티모르(Timor)

아라비카종의 티피카(Typica) 계열과 로부스타종의 에릭터(Erecta) 계열의 교배종이다. 커피잎녹병(CRT)에 강하고, 생두의 크기가 큰 편이다.

(9) 카티모르(Catimor)

1959년 포르투칼에서 티모르(HdT, 자연적으로 발생된 아라비카와 로부스타종의 교배종)와 버번의 돌연변이종인 카투라의 교배종이다. 생산량이 많고 빠른 성장과 다수확이 가능하여 생산성이 좋은 품종이다. 나무 높이는 비교적 낮으며 체리와 그린커피의 사이즈는 큰 편이다. 신맛과 함께 후미에서 짠맛도 느낄 수 있다. 카티모르계 품종은 환경적응성이 높아 카티모르를 베이스로 한 새로운 품종이 무수히 생겨나고 있으나, 대체로 저지대 카티모르는 타 지역의 다른 종과 비교해 보면 맛이 떨어지는 편이다.

(10) 콜롬비아(Varieda Colombia)

카티모르(Caturra)와 카투라(Catura)의 교배종으로 내병성이 뛰어난 품종이다. 직사광선에 강하고 단기간에 수확이 가능한 종이다. 1971년부터 개량하기 시작하여 1980년대부터 넓게 퍼져 재배되고 있으며, 1981년에는 콜롬비아종이라 명명하였다. 일찍이 주된 품종으로 선정되면서 전통종인 티피카의 재배가 현저히 줄어들게 만들었다. 일반적으로 티피카를 비롯한 아라비카종의 대부분은 그늘 재배 방법으로 재배해야 하는 약한 식물이지만 로부스타 혈통을 1/4정도 받은 콜롬비아 품종은 내병성이 우수하고, 직사광선에 강하며 매년 수확이 가능하다.

(11) 루이루 11(Ruiru 11)

케냐에서 1985년에 개량된 새로운 품종이다. 카티모르종과 SL28의 교배종으로 15년간 연구하였다. 커피 녹병과 커피베리병에 대한 저항력이 강하며 나무가 작아서 같은 면적에 2배 정도의 양을 심을 수 있어서 생산성이 높다.

(12) 이카투(Icatu)

1950년에 브라질에서 개량된 버번(Bourbon)과 로부스타의 교배종을 문도노보(Mundo Novo)와 카투라(Caturra)에 여러 차례 역교배(Back-crossing)하여 개발된 품종이다. 일반적인 기준보다 키가 크고 가뭄과 추위에 약하지만 품질은 좋다.

(13) 아라부스타(Arabusta)

로부스타에 비해 재배 환경이 까다로운 아라비카의 단점을 보완해 수확량을 늘리기 위하여 아라비카와 로부스타를 혼합한 품종이다. 로부스타가 가진 2배체 염색체를 아라비카의 4배체 염색체로 변이한 후 다시 아라비카와 결합시킨 새로운 품종이다.

2) 생육 조건에 따른 그린커피의 차이

(1) 토양 및 고도

커피나무는 최소 2m 깊이의 최저 2%의 유기물이 상층에 섞여 있고 물 빠짐이 좋으며 어느 정도 보유력도 있는 pH 5~6 정도의 화강암에서 잘 자란다. 아라비카의 경우, 적도 부근에서는 고도 1,000~2,100m, 위도 남북 9~24도 부근에서는 대부분 고도 400~1,200m로 평균기온이 약 18~22℃인 환경이 적합하다. 로부스타는 열대지역 저지대인 따뜻하고 습한 산기슭에 주로 자라며 평균기온이 22~26℃이고 강수량은 연간 최소 2,000mm을 유지해야 잘 자란다.

일반적으로 고도와 위도는 생육 기후 조건을 결정짓기 때문에 커피 향미를 생성하는 데 큰 영향을 미치게 된다. 고도가 높을수록 기후는 낮아지고 큰 일교차를 이겨내기 위하여 병양분을 낳이 축적하게 된다. 따라서 높은 고도에서 자란 아라비카 커피일수록 고품질의 풍부한 맛을 갖추게 된다. 고도가 낮아질수록 기온은 점점 올라가고 병충해가 늘어난다. 이를 이겨내기 위해서 스스로 방어기작을 만들게 되어, 쓰고 독특한 성분을 많이 생성해 낸다.

(2) 그늘 재배법

커피나무는 일조량에 따라 성장 정도와 품질에 영향을 받게 된다. 최적의 일조량을 조절하기 위하여 그늘 재배를 많이 이용한다. 최적의 일조량은 연간 평균 2,200~2,400시간이 필요하며 햇빛에 노출되는 일광량은 우기 60%, 건기 60~75% 정도가 적당하다.

최근 연구에서 적절한 그늘은 극도로 높은 열과 낮은 온도의 영향을 완화시켜 주므로 커피 품질을 향상 시켜 준다고 밝혀지고 있다. 또한 그늘 재배는 침식의 위험을 감소시키고, 잡초의 성장을 억제시키고, 보호 덮개의 기능을 하며, 유기물질 생성을 도와 토양을 비옥하게 만든다. 그러나 그늘을 너무 지나치게 드리우면 광도가 부족하여 광합성 작용의 부족으로 생산성을 떨어뜨릴 수도 있다.

(3) 경작법

아라비카는 자가수분에 의해, 로부스타는 타가수분에 의해 번식한다. 커피는 다양한 방법으로 경작이 가능한데 가지치기, 이식하기, 접붙이기, 조직 배양 등이 있다. 가지치기는 가장 많이 사용되는 수정 방법 중 하나이다.

커피나무의 재배 밀도도 커피 품질과 수확량에 영향을 미친다. 인도의 농장은 정글처럼 혼잡하고 과일과 견과류 등과 함께 심겨 있어서 토양 영양분이 좋다는 장점이 있지만 습도와 해충, 곰팡이 등의 문제가 있기도 하다. 콜롬비아의 그늘 경작은 바나나 나무 등과 함께 있어 일정한 그늘을 만들어 준다. 이런 경우 커피나무의 밀도는 높지만 비료도 잘 줘야 생산량을 높일 수 있다.

브라질의 풀선(Full sun) 재배 방식은 주변 농장의 나무를 베고 비료도 많이 주어야 한다. 물을 지속적으로 뿌려 주어야 하고 커피나무 이외의 나무가 없어 토양력이 떨어지게 만들기도 한다. 이는 브라질 커피가 고품질 커피보다 평균적인 커피가 많은 이유이다.

3) 수확 과정에 따른 그린커피의 특징

(1) 스트리핑

나무 아래 천을 깔고 한 번에 나뭇가지를 훑어서 커피 열매를 따는 방법이다. 자연 건조 가공에서 주로 사용하며 수확은 대부분의 커피가 완숙 또는 과하게 익은 상태를 지나쳤을 때, 또는 65~70%였던 수분 함량이 30~40%로 떨어진 상태가 되었을 때 시작한다. 이런 점에서 볼 때, 체리의 표면이 비교적 마르고 딱딱해져서 다루기 쉽다. 열매는 날씨에 따라 변화가 빠르고, 나무 밑바닥에 잡초와 쓰레기들을 치우고 땅을 평평하게 하는 준비 작업을 미리 해 주면 과실의 손실을 막을 수 있다.

또한 수확 시기를 결정하는 것도 중요하다. 수확기가 짧기 때문에 비교적 열매가 균일하게 익는 시점이 적합하다. 꽃 사이의 체리 개수와 공간 여백에 따라 수확 여부를 결정짓게 되는데 수확할 체리가 2/3를 차지할 때가 가장 좋은 시점이다. 한 번에 일시적으로 수확하므로 비용을 줄일 수 있다는 장점은 있지만 커피나무에 손상을 줄 수 있으며 품질이 균일하지 않다는 단점이 있다. 주로 건식 가공을 생산하는 나라와 대부분의 로부스타 생산국에서 주로 사용하는 방법이다.

(2) 핸드피킹

직접 잘 익은 체리만 손으로 따는 방법으로 높은 품질의 최고급 커피를 보장할 수 있다. 하지만 많은 시간과 노력이 필요하여 인건비가 많이 든다는 단점이 있다. 주로 경사가 심한 곳에서 수확하는 방법이며 대부분의 소작농민들이 주로 사용하는 방식이다. 커피나무의 밀도, 재배지 경사도 등에 따라 하루에 50kg~120kg을 수확할 수 있다. 대부분 수세 가공 방식을 사용하는 국가에서 주로 사용한다.

커피 지도사 1급

(3) 기계 수확

브라질처럼 대규모 농장에서 재배지의 경사가 완만하고 커피나무의 재배 밀도가 넓은 지역이나 임금이 비싼 곳에서 주로 이용하는 방법이다. 빠른 시간에 많은 양을 처리할 수 있으나 대규모의 장비와 시설이 필요하므로 고가의 기계 구입비가 드는 단점이 있다. 나무에 손상을 주기 쉬우며 잘 익은 것만을 수확하기 어려운 단점이 있다.

4) 가공 과정에 따른 그린커피의 특징

(1) 건조 공정(Dry processing)

옛날부터 전해 내려오는 방법으로 물 공급이 어려운 대부분의 브라질이나 인도네시아, 에티오피아, 예멘 등의 농장에서 주로 사용되었다. 체리를 수확한 후 펄프를 제거하지 않고 그대로 건조시키는 방법으로, 스트리핑이나 기계 수확한 경우에 주로 사용된다. 수확한 체리는 ①바로 건조 단계로 넘겨서 천일 건조(Patios or racks)로 수분 20~30%까지 건조하고 인공 건조(기계 건조)를 통해 11~12%까지 건조하는 과정을 거치거나, ②키질과 체질을 한 후 물을 이용하여 무거운 체리와 가벼운 체리를 선별하여 따로 건조 단계로 넘겨서 11~12%까지 건조시킨다. 로부스타도 주로 이 방법을 사용한다. 1980년대부터 브라질은 거의 90%가 이 과정을 사용하기도 했다. 그린커피의 향미 특성은 바디가 강하고(Heavy in body) 달콤 구수하며(Sweet) 부드럽고(Smooth) 복합적인 향미(Complex)를 가지게 되나 결점두가 많은 단점이 있다.

(2) 펄프드 내추럴 공정(Pulped natural processing)

일명 반건조 방식(Semi-dry processing)이라고도 하며 수확한 체리를 펄핑한 후 달라붙은 점액질을 제거하지 않고 건조하는 방식으로서 1990년초 브라질(Cereja descascado로 불림)에서 시작하였다. 이는 스트리핑과 기계 수확을 한 체리를 가공하는 방식이다.

비트겐스(Wintgens, Jean Nicolas(2004))는 수확한 체리를 비선택적으로 1차로 이물질을 제거하고 2차로 물에 담가 무거운 체리와 가벼운 체리를 구분하여 가공 처리하도록 제시하고 있다. 가벼운 체리는 과숙된 체리이거나 부분 건조된 체리이므로 따로 구별하여 건조하게 하고, 무거운 체리는 미숙한 체리이거나 완숙된 체리이므로 이를 구분하여 가공 처리하도록 유도하고 있다. 결국에는 잘 익은 완숙 체리만을 펄핑하고 점액질이 있는 상태에서 건조하게 된다. 건조 시간은 건식 가공에 비해 짧고 미생물에 의해 발효되는 위험도 줄일 수 있다. 결과적으로 완숙 체리만을 선별하여 가공하므로 고품질의 커피를 생산할 수 있다는 장점이 있어 전통적인 자연 건조 방식보다 선호하고 있다.

맛의 특징은 자연 건조 방식보다는 더 깔끔하고 수세 방식보다는 바디(Body)가 더 나타나지만 그린커피 재배의 고도에 따라서 약간의 차이가 난다. 저지대 커피는 내추럴 방식에 가깝고, 고지대 커피는 수세식 커피 맛에 가깝다. 단종이나 블랜딩으로 에스프레소용에 많이 쓰이며, 주로 브라질에서 사용되는 방식으로 1년에 3백만 백까지 생산된다. 그린커피의 향미 특성은 수확한 체리를 펄핑한 후 점액질이 있는 상태에서 건조하기 때문에 수세 공정보다는 달콤 구수함과 어느 정도의 바디를, 건조 공정보다는 상큼함(Acidity)을 더 가지고 있다.

최근에는 점액질의 두께에 따라 옐로(Yellow) 공정, 레드(Red)공정으로 나누기도 한다. 옐로 공정은 점액질을 많이 제거하여 수세 공정과 가까운 맛의 특징을 가지고 있으나 어느 정도 단맛을 가지고 있는 방식이고, 레드 공정은 외과피만 살짝 제거하여 점액질과 함께 과육을 많이 남기게 되므로 거의 건조 공정의 맛의 특징에 가까우나 그것보다는 깔끔한 맛을 가지고 있는 편이다.

(3) 허니 공정(Honey processing)

일명 펄프드내추럴 공정이라고도 말하기도 하며 그 과정이 유사하다. 우선 샘플 당도를 측정하여 완전히 익은 체리만을 수확하고 다시 3차에 걸쳐 선별한 후, 체리 껍질만 제거하고 과육에서 나오는 점액질이 붙어 있는 상태로 10~12일 정도 건조시키는 방법이다. 이미 선별된 최우수의 체리만을 골라서 가공하므로 단맛이 탁월하다.

(4) 수세 공정(Washed processing)

일정한 설비와 풍부한 물이 있어야 가능하며 건식 방식이나 펄프드내추럴 방식보다 더 균일한 품질의 생두를 얻을 수 있다. 콜롬비아, 케냐, 탄자니아, 코스타리카, 하와이, 자메이카 등 대부분의 아라비가 생산국에서 사용하고 있고 일부 로부스타(인도네시아 WIB)에서도 사용되고 있다.

수확한 체리를 펄핑하여 과육을 제거한 후 발효시켜 점액질을 제거하고 건조하는 방식이다. 비트겐스는 스트리핑 방식이나 기계 방식으로 수확한 체리 외에 핸드피킹 방식으로 잘 익은 완숙 체리만을 가공하는 과정을 따로 제시하여 그 이점을 소개하고 있다.

비선택적 수확인 경우에는 펄프드내추럴 방식과 같이, 이물질을 제거한 다음 물에 담가 가벼운 체리와 무거운 체리를 선별한 후 구멍이난 회전하는 긴 실린더 스크린을 통과시켜 펄핑한다. 이때 완숙 체리만이 펄핑되면서 통과하게 되고 미숙 체리는 펄핑되지 않고 한쪽에 모이게 된다. 이러한 방식으로 완숙 체리와 미숙 체리를 구별하여 가공을 달리하게 된다. 외과피(Pulp)를 벗기고 나면 끈적끈적한 점액질이 남게 되는데 이 점액질은 발효탱크에서 36~72시간 동안 물에 담가져서 발효된다. 만약 72시간을 지나치면 자극적인 발효된 약품 냄새가 나기도 한다. 발효 시점은 커피의 양, 물의 온도, 습도, 점액질의 두께에 따라 달라지며 손으로 파치먼트를 문질러 보았을 때 마찰음이 들리면 발효는 끝난 상태이다. 발효가 끝난 파치먼트는 깨끗하게 세척한 후 파티오로 옮겨서 건조시킨다.

수세 방식에서 발효시킨 물은 환경오염의 심각한 문제를 야기 시킨다. 이를 보완하기 위하여 새로운 형태의 점액질 제거기(Mucilage remover)가 나오거나 수산화나트륨(NaOH)의 화학 물질을 이용하여 단시간에 품질 손상 없이 발효시키는 방법 등 환경오염을 줄일 수 있는 친환경적인 방법 연구가 계속되고 있다. 이러한 과정에서 반수세 공정(Semi washed processing)이 등장하였다.

수세 공정의 그린커피 향미의 특징은 더욱 깔끔하고(Cleaner), 더욱 밝고(Brighter), 더욱 과실향(Fruitier)이 나는 편이나 바디가 약한 단점이 있다.

(5) 반 수세 공정(Semi washed processing)

앞의 수세 공정과 유사한 방법으로 가공하는 방식이나, 환경오염이 심각한 문제를 해결하기 위하여 대두되었다. 점액질을 벗기기 위하여 물탱크를 이용하기보다 물을 최소화할 수 있는 점액질 제거기기를 사용하는 것이다. 진동으로 점액질을 벗겨내는데 그린커피의 점액질 두께에 맞추어 시행하며 1차에서 부족하면 2차의 과정을 거치게 된다. 자칫 잘못하면 그린커피에 손상을 입힐 수 있으나 일반 수세 공정과의 향미 차이는 거의 없다고 알려져 있다.

5) 저장 및 유통에 따른 그린커피의 특성

그린커피는 땅에 심어서 키우면 발아되어 커피나무를 만들 수 있는 살아 있는 존재이다. 온도가 5~15℃에서 파치먼트일 때, 수분이 15~18%이며 상대습도가 35~55% 있다면 아직 발아력이 남은 상태이다. 그린커피의 이상적인 함수율은 아라비카가 11~12%, 로부스타가 11~13%이고 이상적인 상대습도는 60% 미만이어야 한다. 11%이상의 수분이 있다면 미생물이 활동하기 쉬우므로 품질 관리에 유의해야 한다.

온도는 최소 20℃ 이하여야 한다. 만약 온도가 35℃ 이하이고 11%의 함수율은 6개월이 지나면 품질이 저하되기 시작하고, 수분이 15% 이하이고 온도가 10℃이하라면 더 오래 보관이 가능하다. 하지만 고도가 낮은 지대의 그린커피라면 보관 기간이 더 짧아진다. 품종과 가공 방법에 따라 보관법을 구별하여 사용해야 한다.

6) 그린커피의 평가

스페셜티 커피는 전 세계 커피의 8~10%에 불과하다. 양보다는 질을 우선으로 하여, 가격을 정해두는 것보다 농장주와 거래상과의 합의하에 거래가 이루어진다. 스페셜티 그린커피의 품질을 평가하기 위하여 우선 눈으로 모양, 냄새, 색깔 등을 확인하고 차후에는 직접 커핑하며 향미를 평가한다. SCAA가 평가하는 품질 관리 요소는 향미 특성, 수분, 크기, 결점 수, 밀도, 색도, 품질 특성 등이 있다.

(1) 수분(moisture)

그린커피의 표준 수분 함량은 10~12%이고, 수분이 10% 미만일 때는 묵은 생두로 향미가 떨어지며, 수분이 13% 이상일 때는 저장 중 곰팡이가 번식할 뿐만 아니라 수분이 1% 증가하면 약 8%씩 가격이 높아진다. 그린커피 수분의 분석은 '칼 휘셔 법'을 사용하는 것이 표준이나 간이 분석 시는 '오분 건조법'을 사용한다.

(2) 크기(Bean size)

그린커피의 크기는 품질 등급의 중요 요소이며 클수록 가격이 높다. 구매 시 견본을 진동 표준체로 분류하여 데이터를 축적하는 것이 고품질을 유지하는 데 필요하다. 일반적으로 표준 체(Standard screen) #14 이하는 소(Small), #15~16은 중(Medium), #17 이상은 대(Large)로 구분한다.

(3) 결점두 수(Number of defect)

결점두 수는 커피 품질을 결정하는 직접적 요소로 로스팅을 할 때 영향을 미치므로 철저히 관리하여야 한다. 뉴욕 거래소(NYBT) 기준은 300g 그린커피 견본 중 결점두(Defective bean)의 종류와 수를 육안으로 검사하고 결점두마다 가중치가 다른 결점 계수(Black bean equivalent)를 곱하여 총 결점점수를 계산한다.

(4) 밀도(Density)

밀도도 생두 품질의 한 척도이다. 고지대에서 자란 그린커피는 밀도가 높으며, 저지대에서 자란 그린커피는 생두는 밀도가 낮다. 100cc의 용기에 생두를 수평으로 담고 중량을 칭량하여 밀도를 산출한다.

(5) 색도(Color)

그린커피의 색깔은 품종과 저장 상태에 따라 다르다. 일반적으로 고지대에서 재배하고 수세 가공한 아라비카는 청록색이며, 저지대에서 재배한 브라질과 로부스타는 황록색에서 황갈색이다. 오래된 콩은 점점 청록색이 퇴색되며, 저장 중 변질되면 백색이나 불균일한 색깔을 나타낸다. 색도의 측정은 표준 색도 차트와 생두 견본을 비교하여 표시한다.

7) 향미 평가 방법

커핑을 위한 커피 추출은 침지(Infusion)방법을 사용한다. 물과 커피의 비율은 물 150ml 에 원두 7.25~8.25g으로, 커피 성분이 1.1~1.3%가 추출되도록 3~5분 기다린다.

준비하는 커피는 커핑하기 전 24시간 이내에 로스팅하고 8시간 이상 탈기시켜야 하고, 커핑에 사용하는 물은 투명하고 냄새가 없어야 하며, 3~5분 후 브레이크하여 커피를 걷어 내고 커핑을 시작한다.

평가 항목은 아로마(Aroma), 플레이버(Flavor), 애프터 테이스트(Aftertaste), 어시더티(Acidity), 바디(Body), 밸런스(Balance), 균일성(Uniformity), 클린컵(Clean cup), 스위트니스(Sweetness)이다.

커피 추출의 기본 원리 이해

본 장에서는 커피 지도사 2급 과정을 통해 익힌 커피 추출 원리를 간략하게 정리한다. 커피 지도사 2급 과정에서 이미 배우고 익힌 추출 원리의 기본 개념을 얼마나 이해하고 있는지를 알기 위하여 선수학습 능력 파악을 위한 실험을 진행한다. 만약 커피 지도사 2급 과정에서 완전히 추출 원리를 숙지하지 못하였거나 개념 정의가 부족하였다면 본 실험을 통해 그 원리을 간단히 재정리해 볼 수 있다.

본 실험은 순서에 의해 단계적으로 진행하여야 하며 매 실험마다 서로 토의하고 개념 및 선호도를 정리해야 한다. 각 단계마다의 실험 조건은 앞에서 진행된 실험 결과에 영향을 받도록 구성되어 있다.

1. 추출 원리의 개념

커피 추출(抽出)은 볶은 커피의 가용성 성분을 액체로 뽑아내는 것(Brewing or extraction)으로 향과 맛을 얻을 수 있다. 추출 원리는 침투, 용해, 분리 과정을 거쳐서 진행되며, 물이 커피 입자 속으로 침투한 후 커피의 가용 성분을 용해시킨다. 물에 녹은 가용 성분은 상대적으로 농도가 낮은 맑은 물 쪽으로 확산되며, 이 현상으로 커피 입자로부터 가용 성분이 분리된다.

추출 방식은 크게 침지식과 투과식으로 나뉜다. 침지식은 처음 부은 한정된 물의 양 내(內)에서 추출이 이루어지므로, 커피 입자와 밀접한 주변의 농도와 전체 물의 농도가 동일해지면 추출은 크게 진행되지 않는다. 반면 투과식은 물이 커피층을 통과한 후 새로운 물이 계속 투입되어 농도차가 생기므로 침지식에 비하여 추출, 즉 확산이 계속 진행될 수 있다.

분쇄는 커피 성분이 원활하게 추출되도록 물에 닿는 커피 표면적을 증가시켜 준다. 커피 입자의 분쇄 크기는 추출 시간과 밀접한 연관이 있으며 분쇄가 굵어질수록 추출 시간을 길게 하는 것이 적합하다. 이는, 분쇄도가 가늘어질수록 커피 입자가 물에 닿는 표면적이 커지므로 가용 성분 추출이 용이해지기 때문이다. 또한 로스팅 정도가 강해질수록 원두의 밀도가 낮아지고 가용성 성분이 쉽게 추출된다.

【표2-1】 추출 조건과 추출력의 관계

항목	조건	추출력
커피	분쇄도	커피 입자가 작을수록 가용 성분의 추출력이 커진다.
	로스팅 정도	Agtron No.가 낮을수록 가용 성분의 추출력이 커진다.
물	온도	높을수록 가용 성분의 추출력이 커진다.
	시간	길어질수록 가용 성분의 추출력은 늘어난다.
	양	많을수록 가용 성분의 추출력이 커진다.

2. 그라인더

분쇄에서 가장 중요한 점은 입자의 크기에 따라 물과 접촉하는 표면적이 달라지며, 그에 따라 추출되는 성분이 달라지고 커피 맛과 연관된다. 입자가 고르지 않거나 미분(微紛)이 많을 경우, 입자마다 물과 만나는 면적이 달라지고 이는 수용성 성분들이 물에 녹는 속도의 차이를 가져온다. 녹아나는 성분의 차이로 맛의 차이가 발생하며, 이는 추출 설계에 따라 원하는 향미를 얻기 힘들 것이다. 따라서 분쇄 방법과 그라인더의 선택은 매우 중요한 요소이다.

그라인더는 크게 충격식과 간격식으로 나뉜다. 가정용 분쇄기에서 주로 사용하는 충격식은 분쇄 입자 조절이 어려우며 칼날의 회전수가 많을수록 입자 크기가 작아지는 방식으로 미분이 많이 발생한다. 간격식은 칼날과 날의 간격에 의해 분쇄 입자를 조절하는 방식으로 충격식에 비하여 입자가 균일하다. 두 개의 원통형 칼날 사이로 분쇄하는 롤형은 가장 고가인 반면 대용량으로 내구성이 높다. 평면형은 두 개의 디스크형 원판 사이를 통과하는 방식으로 입자 조절이 가능하며 비교적 균일하다. 드립용의 그라인더 방식과 에스프레소용의 커팅 방식으로 나뉜다. 또 다른 간격 방식으로 원뿔형은 수동식 그라인더에 사용되는데, 고정된 날과 회전하는 원뿔 모양의 날 사이 간격에 의해 분쇄된다. 평면형에 비하여 입자 배출이 원활하지 않으며 많은 양을 분쇄하기에 적합하지 않다.

분쇄 시 주의할 점으로 열 발생이 있다. 칼날이 회전하는 과정에서 날과 날이 부딪히지 않는다면 직접적인 열이 발생하지는 않겠지만, 원두가 투입되면 칼날과 원두의 마찰 및 원두 사이 마찰 등으로 발생된 열에 의하여 커피 성분의 변화가 일어날 수 있다. 상업용은 그라인더 자체에 열을 냉각시키는 기능을 장착하기도 한다. 많은 양을 분쇄할 경우 칼날이 과열되지 않도록 주의하고, 칼날에 미분이 남아있지 않도록 관리한다.

【표2-2】 그라인더 종류

충격식(Impact)	칼날형(Blade)	–	
간격식(Gap)	버형(Burr)	원뿔형(Conical burr)	
		평면형(Flat burr)	그라인더 방식(Grinding)
			커팅 방식(Cutting)
	롤형(Roll)	–	–

3. 물

    커피는 99% 정도가 물로 구성되어 있다. 물은 경도(Hardness)[2]에 따라 연수(Soft Water)와 경수(Hard Water)로 나뉘는데, 연수일 경우는 밋밋해지거나 신맛이 날 수 있고, 경수일 경우 미각적으로 좋지 않고 스케일(Scale)[3]이 생성되고 커피 맛이 쓰게 느껴질 수 있다. 일반적으로 커피 맛에 가장 적정한 범위는 50~100ppm으로 알려져 있다.

4. 추출 방식

    도구를 사용하는 모든 추출에서 침지 혹은 투과의 원리가 적용된다. 침지 방식의 추출은 용기 내에서 비교적 동시에 고른 추출이 일어나고, 투과 방식의 추출은 초기에 농도가 강한 추출력을 일으키다가 후반으로 갈수록 추출력이 약하게 작용하여 고른 추출이 어렵다. 또 물이 닿는 위치에 따라 다른 추출을 일으킬 수 있다. 따라서 침지 원리에 의하여 추출된 커피는 비교적 고른 맛을 가지게 되고, 투과 원리에 의해 추출된 커피는 안정적이지 못한 추출을 하면 향기나 맛이 복잡해진다.

---

2) 물속에 녹아있는 칼슘(Ca)과 마그네슘(Mg) 농도. TDS(mg/L, parts per million)

3) 금속면에 부착한 불순물 및 금속 산화물

5. 커피와 물의 교차 조건

분쇄 커피와 물이 만나는 교차 조건에 따라 원하는 향미 특성은 달라진다.

1) 물 온도

물과 커피가 만나는 순간의 온도가 높을수록 추출력은 강하게 일어난다. 사용하는 커피의 로스팅 정도에 따라 96℃ 이상(고온, 끓인 직 후), 92~96℃(중온), 88~92℃(저온)으로 선택하여 사용해야 한다. 온도가 높을수록 침투력은 강해져서 맛이 강하게 추출된다.

2) 물양

직접 추출에 사용할 물의 양이 많을수록 수용성 커피 성분의 확산 속도가 빨라지는 반면, 사용하는 물양이 적으면 확산 속도가 느려지고 확산력도 약해진다.

3) 추출 시간

추출이 진행되는 중 물과 커피가 만나는 시간이 길어지면 많은 성분이 추출된다. 너무 짧은 시간에 추출하면 표면 추출이 강하게 일어나서 전체적으로 묽고, 표면으로부터 떨어져 나온 불용성 성분에 의한 촉감과 거칠고 탁한 느낌이 강해진다. 반면, 시간이 길어지면 입자 내부 성분의 추출이 많이 진행되어 풍성한 느낌을 가질 수 있다.

6. 추출 원리를 위한 기본 실험

1) 실험 A

로스팅 정도별 분쇄 입자에 따른 추출력 변화를 이해하기

🫘 준비물

드리퍼 3개, 서버 7개, 커피포트, 교반스틱, 저울(최소 눈금 0.1g), 온도계, 스톱워치, 얼음물, 종이필터, 분쇄된 커피

🫘 실험 도구(각 조건을 선택하여 사용)

	커피 원두		물과 만나는 상태
볶음도	약(Agtron #70±3) 중(Agtron #60±3) 약강(Agtron #50±3)	**사용 온도**	끓은 직후
볶음 시간	8분 / 9분 / 12분	**사용 물양**	사용 커피양의 5배
분쇄 정도	굵은 분쇄(1.0mm 이상) 중간 분쇄(0.7~1.0mm) 고운 분쇄(0.5~0.7mm)	**침지 시간**	1분 / 3분
사용 커피양	20g		

🫘 실험 방법

아래의 2가지 방법 중 하나를 선택하여 활용한다.

■ A-1 실험 방법 : (더블 폴오버 브루잉)

① 종이필터를 장착한 드리퍼 3개에 약볶음(이나 중볶음 / 약강볶음) 커피를 각 조건별(굵은 분쇄 / 중간 분쇄 / 고운 분쇄)로 분쇄하여 20g씩을 준비하고 빈 서버를 각각 그 앞에

준비한다.

② 빈 서버를 예열한 후 끓는 물 100g을 계량한다.

③ 스톱워치를 누른 후 드리퍼에 폴오버한다.

④ 3분을 기다린 후 드리퍼를 빈 서버에 옮기고 추출된 용액을 다시 되붓기한다.

⑤ 추출 용액이 모두 내려오면 추출된 용액에 200ml까지 희석하여 커핑한다.

■ 본 실험은 묶음 단위로 실험한다. 1차는 약볶음에서 분쇄도 조건(굵은 분쇄 / 중간 분쇄 / 고운 분쇄)을 묶음으로 준비하여 실험하고 향미를 비교한다. 2차는 중볶음에서 분쇄도 조건들을 묶음으로 준비하여 실험하고 향미를 비교한다. 3차는 약강볶음에서 분쇄도 조건들을 준비하여 실험하고 향미를 비교한다. 각 로스팅별 가장 선호도가 좋은 분쇄도를 선택한다. 이 실험은 다음 실험의 기반이 될 것이다.

■ **A-2 실험 방법 (싱글 폴오버 브루잉)**

① 종이필터를 장착한 드리퍼 3개에 약볶음(이나 중볶음 / 강볶음) 커피를 각 조건별(굵은 분쇄 / 중간 분쇄 / 고운 분쇄)로 분쇄하여 20g씩을 준비한다.

② 빈 서버를 예열한 후 끓는 물 100g을 계량한다.

③ 스톱워치를 누른 후 드리퍼에 폴오버한다.

④ 추출 용액이 모두 내려오면 추출된 용액에 200ml까지 희석하여 커핑한다.

■ 본 실험은 묶음 단위로 실험한다. 1차는 약볶음에서 분쇄도 조건(굵은 분쇄 / 중간 분쇄 / 고운 분쇄)을 묶음으로 준비하여 실험하고 향미를 비교한다. 2차는 중볶음에서 분쇄도 조건들을 묶음으로 준비하여 실험하고 향미를 비교한다. 3차는 강볶음에서 분쇄도 조건들을 준비하여 실험하고 향미 비교한다. 각 로스팅별 가장 선호도가 좋은 분쇄도를 선택한다. 이 실험은 다음 실험의 기반이 될 것이다.

🫘 실험 정리

매 실험마다 느껴지는 향미를 토의하여 기록한다. 그중에서 선호도가 좋은 것을 선택한다.

■ 로스팅별 최적의 분쇄 입자 선별하기

로스팅 정도	분쇄 입자	향미 표현(향기와 맛)	비고(선호도)
약볶음	고운 분쇄		
	중간 분쇄		
	굵은 분쇄		
중볶음	고운 분쇄		
	중간 분쇄		
	굵은 분쇄		
강볶음	고운 분쇄		
	중간 분쇄		
	굵은 분쇄		

커피 지도사 1급

2) 실험 B

로스팅 상태별 물의 온도에 따른 추출력 변화를 이해하기

🫘 준비물

드리퍼 3개, 서버 7개, 커피포트, 교반스틱, 저울(최소 눈금 0.1g), 온도계, 스톱워치,
얼음물, 종이필터, 분쇄된 커피

🫘 실험 도구(각 조건을 선택하여 사용)

	커피 원두		물과 만나는 상태
볶음도*	약(Agtron #70±3) 중(Agtron #60±3) 약강(Agtron #50±3)	사용 온도	88℃ 94℃ 96℃ 이상
볶음 시간	중볶음 기준(8분)	사용 물양	사용 커피양의 5배
분쇄 정도*	굵은 분쇄 / 중간 분쇄 / 고운 분쇄	침지 시간	모두 내려올 때까지
사용 커피양	20g		

* 볶음도별 분쇄 정도는 실험 A에서 선호도가 가장 좋은 것을 선택하여 활용한다.

🫘 실험 방법(싱글 폴오버 브루잉)

① 종이필터를 장착한 드리퍼 3개에 약볶음 커피를 실험 A에서 나온 선호도의 결
   과(예 : 약볶음, 중간 분쇄)에 따라 분쇄하여 20g씩을 준비한다.

② 빈 서버를 예열한 후 끓는 물(96℃), 94℃, 88℃의 물을 100g씩 계량한다.

③ 스톱워치를 누른 후 드리퍼에 폴오버한다.

④ 추출 용액이 모두 내려오면, 추출된 용액에 200ml까지 희석하여 커핑한다.

■ 본 실험은 묶음 단위로 실험한다. 1차는 약볶음을 분쇄하여(실험 A의 선호도에 의한 결과
   (예 : 중간 분쇄)) 온도별 끓는 물(96℃ / 94℃ / 88℃의 물)을 묶음으로 준비하여 실험하고 향

미를 비교한다. 2차는 중볶음을 분쇄하여(실험 A의 선호도에 의한 결과(예 : 고운 분쇄)) 온도별 끓는 물(96℃ / 94℃ / 88℃의 물)을 묶음으로 준비하여 실험하고 향미를 비교한다. 3차는 강볶음을 분쇄하여(실험 A의 선호도에 의한 결과(예 : 굵은 분쇄)) 온도별 끓는 물(96℃ / 94℃ / 88℃의 물)을 묶음으로 준비하여 실험하고 향미 비교한다. 각 로스팅별 가장 선호도가 좋은 온도를 선택한다. 이 실험은 다음 실험의 기반이 될 것이다.

실험 정리

■ 로스팅별 최적의 분쇄 입자 선별하기

로스팅 정도	분쇄 입자	추출 온도	향미 표현(향기와 맛)	비고(선호도)
약볶음	( ) 분쇄	96℃ 이상		
		92~96℃		
		88~92℃		
중볶음	( ) 분쇄	96℃ 이상		
		92~96℃		
		88~92℃		
약강볶음	( ) 분쇄	96℃ 이상		
		92~96℃		
		88~92℃		

커피 지도사 1급

3) 실험 C

로스팅 정도별 사용하는 커피양과 물의 양에 따른 추출액 변화 일기

◐ 준비물

클레버드리퍼 3개, 서버 4개, 커피포트, 교반스틱, 저울(최소 눈금 0.1g), 온도계,
스톱워치, 얼음물, 종이필터, 분쇄 커피

◐ 실험 도구(각 조건을 선택하여 사용)

	커피 원두		물과 만나는 상태
볶음도	약(Agtron #70±3) 중(Agtron #60±3) 약강(Agtron #50±3)	사용 온도	96℃ 이상 94℃ 88℃ 이하
볶음 시간	중볶음 기준(8분)	사용 물양	사용 커피양의 5배 10배 15배
분쇄 정도	굵은 분쇄 중간 분쇄 고운 분쇄	침지 시간	3분
사용 커피양	10g / 20g / 30g		

◐ 실험 방법

① 필터를 장착한 클레버드리퍼 3개에 약볶음 커피(이나 중볶음 / 강볶음)를 각 조건에
따라 분쇄(실험 A에서 선택한 분쇄 정도)하여 10g(이나 20g / 30g)을 준비한다. 빈 서버를 각
각 그 앞에 준비한다.

② 빈 서버를 예열한 후 실험 B에서 볶음도별 선호도가 높은 온도의 물을 준비한
다 (예 : 약볶음, 96℃ 이상). 사용하는 물의 양은 커피 사용량의 5배(나 10배 / 15배) 계량
한다.

③ 스톱워치를 누른 후 클레버드리퍼에 풀오버한다.

④ 3분을 기다린 후 클레버드리퍼를 빈 서버에 올리고 추출 용액을 내린다.

⑤ 추출 용액이 모두 내려오면, 추출된 용액에 200ml까지 희석하여 커핑한다.

■ 묶음 단위(예 : 약볶음, 중간 분쇄, 커피양(10g), 물 온도(96℃ 이상), 물양(커피양의 5배 / 10배 / 20배))로 준
비한다. 묶음별로 향미를 비교한 후 가장 선호도가 좋고 향미의 결과가 좋은 것을
선택한다. 이 실험은 다음 실험의 기반이 된다.

🫘 실험 정리

로스팅 정도	사용 커피양	사용 물양	향미 표현(향기와 맛)	비고(선호도)
약볶음 (A-1 혹은 A-2에서 선택한 분쇄도와 온도의 물 사용)	10g	5배		
		10배		
		15배		
	20g	5배		
		10배		
		15배		
	30g	5배		
		10배		
		15배		

		5배		
	10g	10배		
		15배		
중볶음 (A-1 혹은 A-2에서 선택한 분쇄도와 온도의 물 사용)	20g	5배		
		10배		
		15배		
	30g	5배		
		10배		
		15배		
	10g	5배		
		10배		
		15배		
강볶음 (A-1 혹은 A-2에서 선택한 분쇄도와 온도의 물 사용)	20g	5배		
		10배		
		15배		
	30g	5배		
		10배		
		15배		

■ 실험 C는 실험 A와 실험 B를 거쳐 선호도가 가장 좋은 볶음도 한 가지만을 선택
하여 실험하여도 무방하다. 다양한 테스트 후, 예를 들어 선호도가 가장 높은 중
볶음 커피(고운 분쇄, 94℃의 물)를 이용하여 실험 C를 진행해도 된다.

4) 실험 D

로스팅 정도별 사용하는 커피양과 침지 시간에 따른 추출력 변화를 이해하기.

🫘 준비물

클레버드리퍼 3개, 서버 4개, 커피포트, 교반스틱, 저울(최소 눈금 0.1g), 온도계,
스톱워치, 얼음물, 종이필터, 분쇄된 커피

🫘 실험 도구(각 조건에 따라 선택하여 사용)

	커피 원두		물과 만나는 상태
볶음도	약(Agtron #70±3) 중(Agtron #60±3) 약강(Agtron #50±3)	사용 온도	96℃ 이상 94℃ 88℃ 이하
볶음 시간	중볶음 기준(8분)	사용 물양	사용 커피양의 5배 10배 15배
분쇄 정도	굵은 분쇄 중간 분쇄 고운 분쇄	침지 시간	1분 / 3분 / 5분
사용 커피양	10g / 20g / 30g		

🫘 실험 방법

① 필터를 장착한 클레버드리퍼 3개에 약볶음 커피(이나 중볶음 / 강볶음)를 각 조건에
따라 분쇄(실험 A에서 선택한 분쇄 정도)하여 10g(이나 20g / 30g)을 준비한다. 빈 서버를 각
각 그 앞에 준비한다.

② 빈 서버를 예열한 후 실험 B에서 볶음도별 선호도가 높은 온도의 물을 준비한다
(예 : 약볶음, 96℃ 이상). 사용하는 물의 양은 커피 사용량의 5배(나 10배 / 15배) 계량한다.

③ 스톱워치를 누른 후 클레버드리퍼에 폴오버한다.

④ 1분(이나 3분 / 5분)을 기다린 후 클레버드리퍼를 빈 서버에 올리고 추출 용액을 내
린다.

⑤ 추출 용액이 모두 내려오면, 추출된 용액에 200ml까지 희석하여 커핑한다.

■ 묶음 단위(예 : 약볶음, 중간 분쇄, 커피양(10g), 물 온도(96℃이상), 물양(커피양의 5배 / 10배 / 20배))로 준비한다. 묶음별로 향미를 비교한 후 가장 선호도가 좋고 향미의 결과가 좋은 것을 선택한다. 이 실험은 다음 실험의 기반이 된다.

🫘 실험 정리

로스팅 정도	사용 커피양	침지 시간	향미 표현(향기와 맛)	비고(선호도)
약볶음 (A-1 혹은 A-2에서 선택한 분쇄도와 온도의 물 사용)	10g	1분		
		3분		
		5분		
	20g	1분		
		3분		
		5분		
	30g	1분		
		3분		
		5분		
중볶음 (A-1 혹은 A-2에서 선택한 분쇄도와 온도의 물 사용)	10g	1분		
		3분		
		5분		
	20g	1분		
		3분		
		5분		
	30g	1분		
		3분		
		5분		

약강볶음 (A-1 혹은 A-2에서 선택한 분쇄도와 온도의 물 사용)	10g	1분		
		3분		
		5분		
	20g	1분		
		3분		
		5분		
	30g	1분		
		3분		
		5분		

■ 추출 원리에 관한 실험들을 총정리 : 사용하는 커피 상태(볶음도, 볶음 시간)의 차이에 따라 분쇄 정도와 물의 조건(양, 시간, 온도)을 달리 해야 하고 사용하는 커피의 양과 추출하는 시간에 따라 그 추출력과 향미는 달라질 수 있다.

3. 커피의 향미

1) 향기

향기는 그린커피의 특성을 바탕으로 로스팅에 의해 변화되어 간다. 커피는 로스팅이나 브루잉에 의해 새로운 특성이 나타나지만, 근본적으로 생콩의 특성에서 벗어날 수는 없다.

따라서 그린커피의 특성과 로스팅에 의해 나타나는 향기 특성을 이해한다.

그린커피의 특성에서는 Flowery, Fruity 등을 중심으로 표현하고, 로스팅 상태에 의해 나타나는 향기 특성은 Nutty, Caramelly, Chocolaty를 기준으로 한다.

2) 맛

신맛, 단맛, 쓴맛을 기본으로 삼칠맛이나 쌘맛을 표현한다. 신맛은 Acidity, Winey, Sour를 중심으로 표현하고, 단맛 계열은 단맛과 구수함으로 나눌 수 있다. 쓴맛은 잡맛과 쓴신맛으로 세분화한다.

【표2-3】커피의 맛과 특성

맛	Sour		Sweet		Bitter	
상세분류	신단맛	자극적인 신맛	단맛	구수한맛	잡맛	쓴(신)맛
특징	상큼한 느낌의 좋은 신맛	강하고 자극적인 신맛	고온의 물로 추출되는 긍정적인 맛	단맛과 어우러져 전체적으로 풍성한 느낌을 주는 맛	맛 요소 중 가장 쉽게 추출되는 부정적인 맛	강볶음 커피에서 나타날 수 있는 강렬한 자극의 쓴맛

3) 농도, 촉감, 기타

농도는 커피의 성분 조성에 따른 성격과 밀접한 관련이 있다고 보이며 그 성격과 농도가 조화를 이루는 것이 중요하다. 그러나 농도가 진하면 바디도 강하게 느껴지므로 이를 표현에 활용할 수 있다. 촉감은 바디를 평가하되, 정성적 평가 용어와 정량적 평가 용어로 나눌 수 있다. 그 외에 추출 불균형과 연관된 특징은 개성으로 작용하는 면이 있으므로 무조건 부정적으로 인식하기보다 다양성으로 접근해 보도록 한다.

향기 특성은 볶음 커피 자체의 특성을 보여주는 면이 크며, 추출 상태는 추출 성분의 분자량 성분 비율에 의한 향기의 특성으로 언급할 수 있을 것이다.

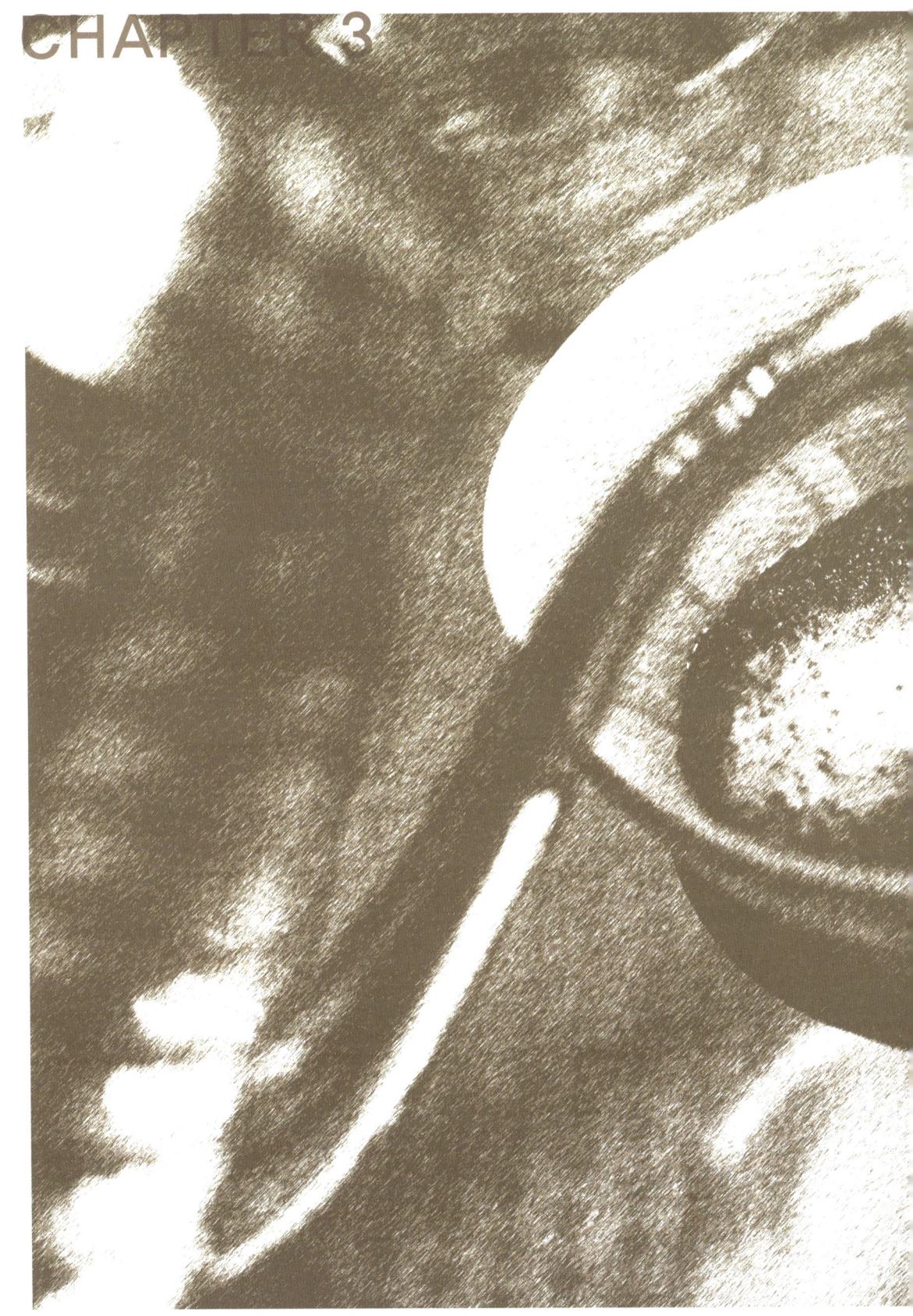

CHAPTER 3

브루잉 이해 I

브루잉의 기본 개념

목표

- 커피 브루잉의 기본 개념을 이해하고 설명할 수 있다.
- 커피 브루잉에 미치는 영향을 알아보고 설명할 수 있다.

브루잉의 기본 개념

1. 커피 브루잉에 미치는 영향

커피 맛에 영향을 미치는 비중은 그린커피, 로스팅, 추출의 순서이다. 그중에서 소비자가 가정이나 사무실에서 가장 쉽게 다룰 수 있는 것은 추출일 것이다. 추출을 위한 변수는 다양하지만 어느 정도는 통제가 가능하다. 사용하는 커피의 양, 추출에 사용하는 물의 양, 추출 시간, 추출 온도 등의 변수들을 올바르게 사용하지 않으면 맛있는 커피를 추출하는 것은 불가능하다.

커피 브루잉에 영향을 미치는 필수적인 요소로는 앞 장에서 설명한 '커피의 상태에 따른 추출의 기본 원리'를 좀 더 깊이 있게 이해하고 적용하기 위하여 부가적으로 알아야 하는 개념들이다. 물과 커피의 비율, 분쇄 입자에 따른 브루잉 시간, 적절한 추출 기술, 최적의 추출 방법, 좋은 물, 적절한 필터의 선택과 사용으로 크게 6가지를 들 수 있다.

1) 물과 커피의 비율

록하트 박사는 1952년 CBI(Coffee Brewing Institute, 이하 CBI로 칭함)라는 커피 브루잉 인스티튜트를 만들었다. CBI에서는 과학을 근거로 하여 커피 기술에 대한 조사, 연구, 출판, 홍보 등 각종 커피 이론의 뼈대를 형성하였고 브루잉 차트, 추출 함수 등을 만들어 냈다. 또한 커피에 관한 과학적 자료를 광범위하게 수집하여 현재 골든컵의 토대를 마련하였다. 1964년에는 CBC라는 이름으로 변경하여 식음료 산업으로 그 영역을 확대하였다. HORECA 시장에 큰 관심을 보이며 커피 워크숍 매뉴얼을 제작하였고 커핑, 로스팅, 추출 과정에서 일어나는 복합적인 상호관계에 대한 과학적 자료를 마련해 주었다.

물과 커피의 비율은 브루잉 컨트롤 차트와 아주 밀접한 관계가 있다. 커피가루의 양과 온수의 비율에 의해서 완성되는 커피 음료는 진해지거나 옅어진다. 이러한 차트를 사용하면 이상적인 커피 성분을 추출하는 데 필요한 커피가루의 양이나 온수의 양을 이끌어 내는 것이 가능하다.

가용물의 추출 수율(Extraction yield)은 커피를 추출할 때 사용하는 커피가루 중에서 얼마만큼의 커피 성분이 물 안으로 녹아났는지를 나타내는 비율이다. 세계적으로 널리 알려진 이상적인 가용물의 추출 수율은 20% ±2%(18~22%)이다. 이 수치는 CBI에서 수차례 실험에 의해서 찾은 수치이다. 그 후 SCAA에 의해 검증되고 테스트하여 그 수치를 토대로 표 3-1의 도표를 만들었다. 중앙 부분에 있는 노란색 박스의 표시 부분이 이상적인 추출 밸런스(IDEAL 옵티멈 밸런스)이다. 예를 들어, 커피가루 20g을 사용하여 추출 수율 20%로 추출하였다면, 커피가루 속에서 녹아나온 커피 성분은 4g이 될 것이다. 일반적으로 온수에 녹아 나오는 커피 성분의 양은 최대 약 30% 정도가 된다. 나머지 70%는 탄수화물 등 온수에 녹지 않는 물질이다. 만약 70%의 성분이 녹아 나오면 맛있다고 할 수 없는 성분의 양까지 녹아 나오므로 마시기 어려운 커피 음료가 된다.

가용물의 추출 수율이 18% 미만이라면 추출이 덜 되어 산미, 단맛, 쓴맛의 밸런스를 이루지 못하고 산미가 강한 커피가 된다. 왜냐하면 커피의 산미는 비교적 빨리 추출되는 성분이지만 단맛 성분이나 쓴맛 성분은 산미에 비해 천천히 추출되기 때문이다. 가용물의 추출 수율이 22% 이상이라면 추출이 과하게 되어 쓴맛이 강한 커피가 된다. 커피의 쓴맛 성분은 산미나 단맛 성분이 추출된 후에도 계속 나올 수 있기 때문이다. 가용물의 추출 수율은 물의 온도, 추출 시간, 커피가루의 형태와 크기, 그리고 추출 방법의 영향을 받는다.

추출 용액의 농도(Strength)는 커피 용액 안에 포함되어 있는 고형물과 물과의 비율을 말한다. 추출된 커피 용액 안에 커피 성분 고형물이 얼마만큼 용해되어 있는지를 퍼센트(%)로 나타낸 것이다. 이상적인 가용물의 추출 수율은 일반적으로 18~22%가 최적으로 되어있지만 이상적인 추출 용액의 농도는 지역에 따라 차이가 있다. 미국스페셜티커피협회(SCAA)에서는 1.15~1.35%, 유럽스페셜티커피협회(SCAE)에서는 1.2~1.45%를 제시하고 있다. 이 수치를 보면 유럽인이 미국인보다 조금 더 진한 커피를 즐긴다는 것을 알 수가 있다.

추출한 커피를 물로 희석해도 가용물의 추출 수율은 바뀌지 않지만 추출 용액의 농도에 영향을 준다. 추출 용액의 농도가 짙은 커피가 추출액 농도가 옅은 커피보다 쓰다고 말할 수는 없다. 커피 용액 안에 녹아있는 커피 성분 고형물의 비율이 클 뿐이다. 따라서 추출 용액의 농도는 사용되는 물의 양과 커피가루의 비율에 의해서 정해진다.

물과 커피의 비율은 커피를 추출할 때 사용하는 커피가루의 양과 물의 비율이다. [표 3-1]의 브루잉 컨트롤 차트에서는 물 값은 고정인 상태에서 커피가루의 양만을 변경하여 대각선의 그래프를 나타내었다. 물 1.9L를 사용하고 대각선상에 표시되어 있는 커피가루의 양을 사용하면 X축의 추출 수율을 구할 수 있고, 이때 Y축에서 추출 농도를 알 수 있다는 것이다. 예를 들어, 1.9L의 물을 사용하고 106.3g의 커피를 사용했을 때 옵티멈 밸런스 안에서 추출할 가능성이 제일 높다고 할 수 있다.

이상적인 옵티멈 밸런스의 노란 표시 영역을 벗어나 좌측 영역에 해당되는 추출은 가용물의 추출 수율이 18% 미만에 해당된다. 이는 추출이 덜 되어 산미, 단맛, 쓴맛에 대한 밸런스를 이루지 못한 커피가 될 수 있다. 반대로, 우측 영역에 해당되는 추출은 가용물의 추출 수율이 22%를 넘어서는 것에 해당된다. 이 또한 과다 추출이 되어 쓴맛과 안 좋은 향미를 나타내기 쉽다. 한편, 이상적인 옵티멈 밸런스의 노란 표시 영역보다 상단에 해당되는 추출은 미국스페셜티커피협회(SCAA)에서 제시한 1.15~1.35% 농도 범위의 가장 높은 1.35%를 넘어서므로 강한 향미와 여운을 남기는 커피를 추출했을 것이다. 반대로 하단 영역에 해당되는 추출은 1.15%의 농도에 못 미치므로 약한 향미일 것이다.

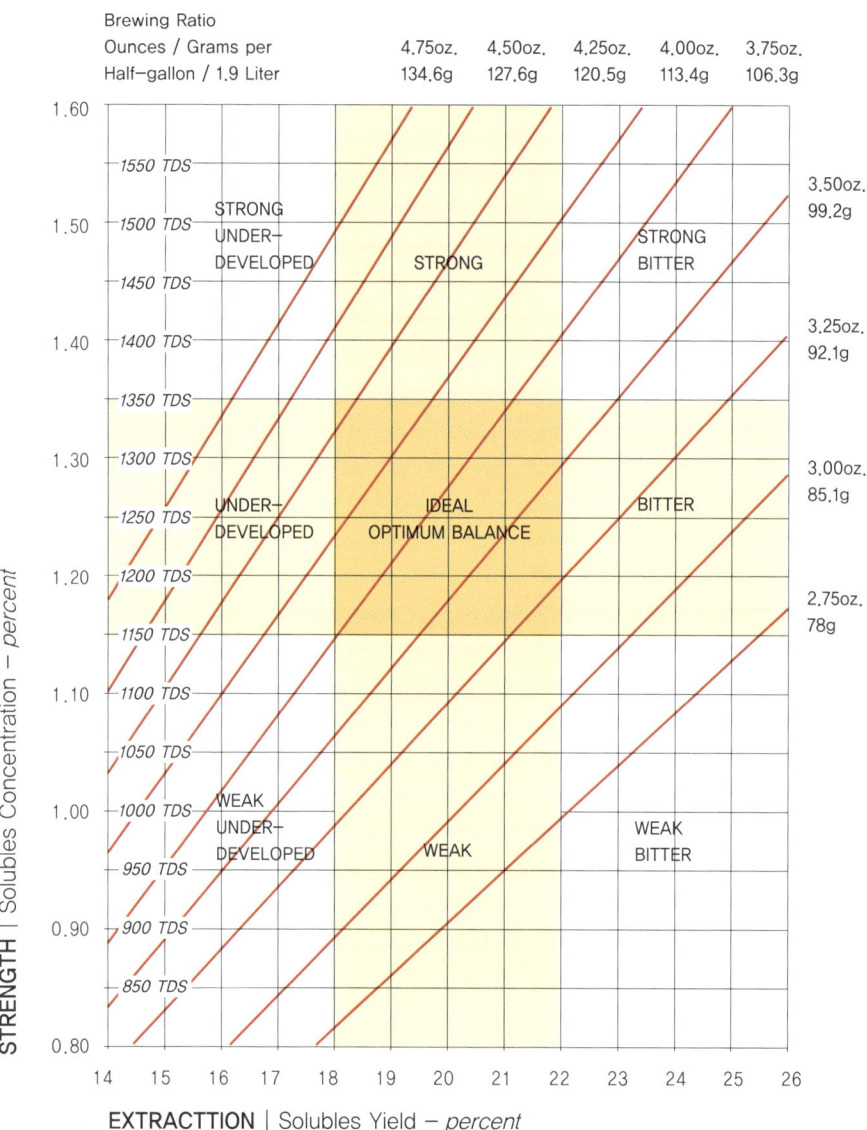

Brewing Ratio
Ounces / Grams per — 4.75oz. 4.50oz. 4.25oz. 4.00oz. 3.75oz.
Half-gallon / 1.9 Liter — 134.6g 127.6g 120.5g 113.4g 106.3g

2) 분쇄 입자에 따른 브루잉 시간

추출을 아기 위해서는 홀빈(Whole bean)을 분쇄해야 한다. 로스팅이 강하면 분쇄하기가 쉬워진다. 분쇄 커피의 입자가 미세할수록 온수와 접촉하는 표면적이 커지고 커피가 가지고 있는 성분을 더 쉽게 녹여낼 수 있다. 입자가 미세할수록 표면적이 커지게 때문에 추출 시간은 짧아지고, 반대로 입자가 거칠수록 표면적이 작아지기 때문에 추출 시간은 길어진다. 따라서 분쇄 입자 크기는 추출하는 데 걸리는 시간과 밀접한 관계가 있다. 하지만 이러한 추출 시간은 사용하는 물 온도의 차이, 추출하는 방식, 즉 침지식이나 투과식 등의 영향도 함께 받게 된다. 결국에는 분쇄 입자 외, 다른 요소들이 연쇄적으로 영향을 주고받는 면도 간과해서는 안 될 것이다. 추출 방식까지 생각이 이어졌다면 추출하고자 하는 도구를 선택할 수가 있다. 분쇄 입자 크기별로 사용할 수 있는 추출 도구를 그림과 같이 정리해 볼 수 있다.

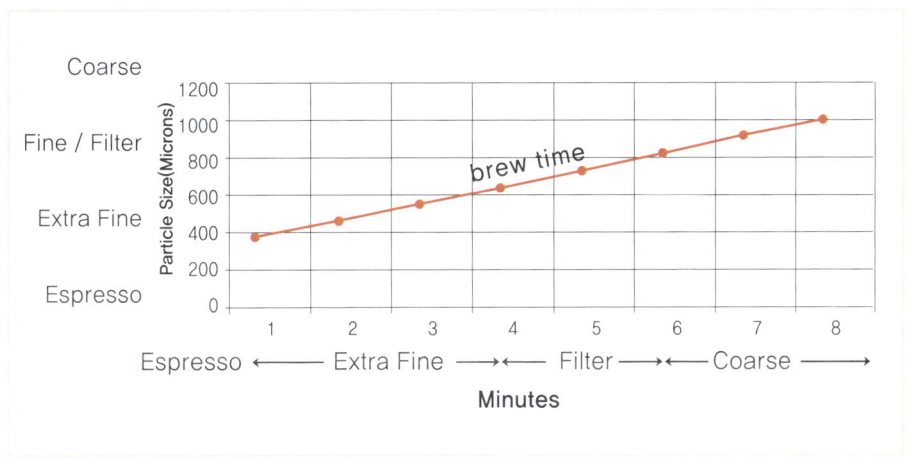

3) 적절한 추출 기술

추출 시간을 몇 분으로 할 것인지? 사용할 물의 온도를 몇 도로 할 것인지? 물이 어떤 형태로 커피 층을 통과하도록 할 것인지? 등 바리스타가 선택할 수 있는 기술적인 분야들은 많다. 숙련된 바리스타들이 맛있는 커피를 만들어 내는 것은 당연할 것이다. 추출 도구를 숙련되게 사용하는 것 뿐 아니라 제대로 사용할 줄 알기 때문이다.

커피에 포함되어 있는 커피 성분은 물과 접촉하는 순간부터 물 안으로 녹아난다. 커피 추출이 끝날 때까지 물의 온도와 시간에 의해서 커피 성분의 추출량은 시시각각 변하게 된다. 커피 추출은 주로 2개의 요소, 즉 물의 온도와 추출 시간의 영향을 받고 있다.

물의 온도는 커피로부터 향미 성분을 올바르게 추출하는 데 미묘한 영향을 준다. 로스팅 정도에 따라 그 온도의 기준은 다르지만 일반 중간 볶음의 커피를 추출할 때 물의 온도는 92~96℃ 정도가 적절하다. 물의 온도가 85℃ 이하로 너무 낮으면 커피의 향미와 풍미가 제대로 모두 추출되지 않을 수 있고, 반대로 물의 온도가 너무 높으면 좋지 않은 쓴맛과 커피 향미에 악영향을 주는 물질들이 추출될 수 있기 때문이다. 물과 접촉하는 시간의 경우, 좋은 향미는 빨리 녹는 반면, 나쁜 향미는 가장 나중에 녹는다. 나쁜 향미가 우러나오기 전에 향미 성분들을 녹이는 작업을 끝내야한다.

물 온도가 70℃에서 추출한 커피와 90℃에서 추출한 커피의 화학적 구성은 달라진다. 더 높은 온도에서 더 많은 종류의 화학화합물이 존재한다. 낮은 온도에서는 커피의 탄닌이 분해되지 않아 신맛, 떫은맛이 증가한다. 터뷸런스(Turbulence)는 미분, 가스, 뜨거운 물이 격렬하게 섞이는 과정으로 뜨거운 물이 미분과 접촉하며 가스가 방출되면서 발생하는 것이다.

4) 최적의 추출 방법

추출 방법으로는 크게 침지식과 투과식으로 나뉜다. 여기에 압력이 가해지는가의 여부에 따라 추출 방법은 달라진다. 각종 도구마다의 추출 원리가 다르게 적용되고 추출되는 향미 또한 다르다. 각종 도구에 대한 내용은 『커피 지도사 2급』 책에서 이미 다루었다. 프렌치프레스, 하리오, 에어로프레스, 사이폰 등에 관한 사용 방법은 『커피 지도사 2급』을 참고하기를 바란다.

5) 좋은 물

커피의 98.5%~99%는 물로 이루어져 있는데 그 중요성을 간과하기가 쉽다. 물은 크게 경도(Hardness)에 따라 연수(Soft Water)와 경수(Hard Water)로 나뉜다. 연수일 경우는 밋밋해지거나 신맛이 날 수 있으며, 경수 또한 미각식으로 좋지 않고, 스케일(Scale)이 생성되고 커피 맛이 쓰게 느껴질 수 있다. 우리나라에서는 300ppm 이하일 경우 식수로 규정하며, 일반적으로 커피 맛에 가장 적정 범위는 50~100ppm으로 알려져 있다.

【표3-2】물의 경도

분류	ppm or mg/L	맛
Soft	0~17.1	밋밋한 맛 ↑ ↓ 쓴맛
Slightly hard	17.0~60	
Moderately hard	60~120	
Hard	120~180	
Very Hard	180 & over	

• 출처 : 주빈커피, 커피 사이언스, 송주빈 p108, American Water Works Association, 2007

[표3-2]는 추출에 적합한 물의 조건으로, 우선 색과 냄새가 없어야 한다. 물에 녹아 있는 성분으로 염소는 허용되지 않고, 칼슘과 마그네슘 화합물의 총 함유량은 100ppm(mg/L) 이하이며, 탄산과 중탄산염 함유량도 100ppm 이하여야 한다. 칼륨은 1ppm/L 미만, 철은 2ppm 이하, 나트륨은 10ppm 전후까지 가능하다. 물의 경도는 70~80mg/L 정도로 약경수에 해당한다.

분류	내용
향색	무취, 투명
총 염소량	0mg/L
TDS	120~130mg/L (허용 범위 50~200mg/L)
경도	70~80mg/L
칼슘, 마그네슘 화합물 함유량	4 grains or 68mg/L (허용 범위 1~5grains 혹은 17-85 mg/L)
탄산, 중탄산염 함유량	100ppm 이하
총 알칼리	40 mg/L (허용 범위 약 40 mg/L 전후)
철 함유량	2mg/L 이하
pH	7.0 (허용 범위 6.5-7.5)
나트륨	10 mg/L (허용 범위 약 10 mg/L 전후)
칼륨	1ppm/L 미만

• 출처 : 주빈커피, 커피 사이언스, 송주빈 p107

6) 적절한 필터의 선택과 사용

필터는 커피를 거르는 역할을 해 주며 종이필터, 메탈필터, 융필터가 있다. 종이필터는 사용이 간편하고 부드러운 맛과 깔끔한 맛의 커피가 추출되지만 일회용이라는 단점이 있다.

융필터는 오일 성분과 불용성 고형성분이 쉽게 통과하기 때문에 종이필터보다 진한 맛을 추출할 수 있다. 커피를 융에 담으면 커피가 자루 형태로 담겨 물이 통과하는 거리가 길어지므로 분쇄는 페이퍼 드립보다 약간 굵게 해 주어야 한다. 또한 융은 천이므로 물의 온도를 빨리 떨어뜨리게 되므로 추출 시 물의 온도를 종이필터에 비해 약간 높여 주어야 한다.

■ 융의 준비와 관리방법

- 용기에 정수된 물을 받은 후 융을 넣고 융을 손으로 계속 주물러 준다.
- 다시 물을 받은 후 가열해 준다.
- 약 15분 정도 끓인 후 그대로 식힌다.
- 물이 식은 후 융을 물이 담겨져 있는 밀폐된 통에 담아 냉장 보관한다.
- 밀폐 용기 안의 물을 주기적으로 교환해 융에서 냄새가 나지 않게 한다.
- 사용 후에도 뜨거운 물을 다시 삶은 후 밀폐 용기에 냉장 보관해야 한다.

• 출처 : 유대준, 커피인사이드, lion, p247

CHAPTER 4

향미 평가 개론

- 커피 향미 평가
- 커피 관능 평가
- 커핑 프로토콜

목표

- 커피 향미 결정 요소를 알고 그 향미를 비교하고 표현할 수 있다.
- 커피의 향과 맛, 바디감, 후미에 대한 기본 개념을 이해하고 설명할 수 있다
- 커피 향미 평가를 위한 후각, 미각, 촉각의 느낌을 다양하게 표현할 수 있다.
- 커피의 맛과 향의 특성을 체계적으로 평가하여 말할 수 있다.

커피 향미 평가

1. 커피 향미 평가

1) 향미 인지능력

인간은 수억만 년의 세월을 거쳐 진화해 온 생명체로 현생인류는 700만~800만 년 전에 탄생하였다. 그 장구한 세월을 거치면서 우리 몸은 음식물에 대해 어떤 특정의 작동을 하도록 만들어진 장치라고 할 수 있다. 문명을 이루기 전 우리 조상들은 수렵과 채집으로 살았으며 생존을 위해 미각 수용체를 통해 먹어야 할 음식물, 또는 먹을 수 있는 음식물을 찾아 다녔을 것이며 이를 위해 우리의 오감이 발달하였다고 할 수 있다. 그런데 현대에 와서는 인간이 본능을 쫓아 음식을 섭취하기만 하는 것이 아니라 동물과는 달리 음식을 맛에 따라 구획하고 분류하고 즐기게 되었다.

2) 커피의 향미 판별

현대 과학의 발전으로 화학적 분석을 통해 커피 원두는 800여 가지의 다양한 성분과 향으로 구성되어 있다는 것이 밝혀졌다. 그러나 커피 향미의 구성 성분들의 일부는 아직도 밝혀지지 않고 계속 연구가 진행 중이며, 커피의 향미를 화학적인 분석방법을 통해 분석하는 데는 시간과 비용상의 한계가 발생하므로 인간의 감각기관을 동원하여 관능적인 방법을 통해 커피의 맛과 향을 직접 판별하고 있다.

관능적 평가에서는 생두를 시각적으로 확인하고 냄새를 맡아보며, 샘플 로스팅한 후에 다시 커피 샘플을 분쇄하여 색상을 확인하고 향을 맡고 추출된 커피의 맛을 본다. 인간의 시각, 후각, 미각을 이용하여 종합적으로 커피 샘플을 판단하게 된다.

커피를 마시는 일반인 역시 화학적이고 분석적인 방법이 아닌 감각기관에 의존하여 판단하며 커피를 마시게 되므로 커피를 판별할 때도 실제 사람의 감각기관에 의존하여 맛과 향을 평가하게 되는 것이다. 따라서 커피의 맛과 향에 대한 기준은 대중적으로 나타나는 맛의 특질과 특성을 구별하는 방법에 기초하여 만들어지게 되었다.

이러한 일련의 과정에서 파악할 수 있는 원두의 특성을 바탕으로 커피 향미 평가표가 만들어졌다.

■ SCAA Cupping Form

■ COE Cupping Form

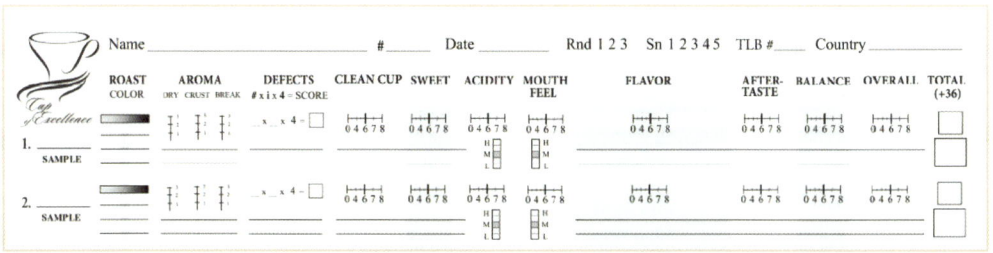

3) 맛과 향의 종류

(1) 커피나 식품에서 맡을 수 있는 다양한 향

꽃 향, 감귤 향, 과일 향, 시리얼 향, 캐러멜 향, 토스트 향, 초콜릿 향, 바닐라 향, 우유류 향, 계란 향, 페스추리 향, 핵과일류 향, 건과일 향, 마른 과일류 향, 향신료 향, 허브 향, 발사믹 향, 그 외 향신료 향, 자연적이고 신선한 향, 건조한 향, 야채 향, 요리 향, 탄 향, 연기 향, 화학적으로 탄 향, 곰팡이류 향, 페놀릭 향, 치즈류 향, 동물 향, 썩은(부패한) 향, 생물학적인 향, 유황류 향, 알카리성 향, 탄화수소 향, 산화된 향, 그 외 화학적인 향

(2) 포유류의 후각수용체 유전자 수

아프리카 코끼리-1948, 소-1186, 개-811, 말-1066, 토끼-768, 기니피그-796, 쥐-1207, 생쥐-1130, 마모셋-366, 마카크-309, 오랑우탄-296, 침팬지-380, 인간-396[4].

사람은 396개의 후각수용체를 조합하여 1만 가지의 냄새를 구분한다. 10만 가지라는 주장도 있지만 정확하게 표현하지 못한다. 그러나 마이야르 반응 시 나는 향은 약 2.5배의 후각수용체를 가진 개보다 더 잘 맡는다. 이는 인간이 불을 사용하기 시작하면서 그때 익힌 음식에서 나는 로스팅 향이 사람의 DNA에 각인되어 후손에게 전달[5]되었기 때문이다.

식품	냄새 성분	식품	냄새 성분
미나리	미르센	김치 산패 불쾌취, 쉰밥	부티르산
파슬리	아피올	표고버섯	렌티오닌
샐러리	세다놀리드	김	디메틸 설피드
레몬, 자몽	리모넨	해수어 비린내	트리메틸아민

4) www.seehint.com

5) 최낙언, 맛의 원리, 예문당, 2015, pp.349

후추	알파-펜란드렌	**담수어 비린내**	피페리딘
박하	멘톨	**홍어, 상어**	암모니아
쑥	튜존	**식빵**	말톨
생강	진지베렌	**간장**	메티오놀
계피	유게놀	**오이**	2,6-노나디에놀
홉	후물렌	**아몬드**	벤즈알데히드
샐러	베타-셀리넨	**계피**	시남알데히드
무	메틸 메르캅탄	**바닐라 향**	바닐린
겨자	알릴 이소티오시아네이트	**바나나**	이소아밀 이소발러레이트
묵은쌀	노말-카프로알데히드	**송이버섯**	메틸 시나메이트
버터	디아세틸	**파인애플**	에틸 아세테이트

(3) 현재 발견된 맛의 분류[6]

공인된 맛	상당히 공인된 맛	맛 후보 물질	
단맛(Sweet)	지방(Fat)	코쿠미(Kokumi)	인산염 (Pyrophosphate)
신맛(Sour)	칼슘(Calcium)	물(Water)	라이신(Lysine)
쓴맛(Bitter)	탄산(Cabonation)	금속(Metalic)	폴리코스(Polycose)
짠맛(Salt)	–	전분(Starch)	수산화물(Hydroxide)
감칠맛(Umami)	–	전기(Electric)	비누 성분(Soapy)
–	–	미네랄(Minerral)	단백질(Protein)

6) 최낙언, 맛의 원리, 예문당, 2015, pp.287

커피 지도사 1급

(4) 맛을 잘 느끼는 온도

- 단맛 – 20~50℃
- 쓴맛 – 10℃
- 신맛 – 25~50℃
- 짠맛 – 30~40℃

(5) 신맛 성분

산(acid)	맛감각	소재
주석산	강한 맛	포도
사과산	풋내	포도, 배, 사과, 살구, 버찌
인산	쏘는 맛	오렌지, 자몽
초산		식초
젖산	신맛, 떫은맛	김치, 요구르트
구연산	청량감	레몬, 감귤류, 파인애플
호박산		양조제품, 조개류

(6) 쓴맛 성분

식품	성분
차, 커피	카페인
코코아, 초콜릿	테오브로민
감귤류 껍질	나린진
오이 꼭지	쿠크르비타신
양파 껍질	케르세틴
고구마	이포메아메론

(7) 감칠맛 성분

식품	성분
차	테아닌
미역, 다시마	글루탐산나트륨(MSG)
버섯	이보텐산, 트리콜롬산, 구아닐산
조개류, 새우, 게 등	글리신

4) 커핑과 커퍼의 의미

(1) 커핑이란?

커핑(Cupping)은, 좁은 의미로는 '산지에 따른 커피의 특성을 판단하는 것'에 한정되지만, 넓은 의미로는 '생두가 지닌 맛과 향의 특성을 체계적으로 평가하는 데 쓰이는 방법'이라 할 수 있다. 이는 다른 말로 컵 테스트(Cup Test)라고도 한다.

SCAA(미국스페셜티커피협회)에서는 '커피 테이스팅 전문가가 커피빈을 평가하는 과정'이라 정의하였다. 결론적으로 커핑이란 커피의 품질을 평가하는 것으로 생두 본연의 향과 맛을 감별하는 것이다.

(2) 커퍼란?

커피 감별사를 가리켜 커퍼(Cupper)라고 한다. 커퍼는 타고난 미각이 있다 해도 커핑과 관련된 지식과 기술은 짧은 시간에 얻어지지 않는다. 꾸준한 학습과 훈련을 통해서만이 커피 품질 감별 능력을 키울 수 있다.

■ 커핑

■ 커퍼들이 커핑을 하는 모습

커핑은 단계적이면서 연속적인 방법을 사용하여 커피의 맛을 구분하는데, 그 과정은 크게 두 단계로 이루어진다. 먼저 미리 정해진 방식에 따라 커피를 추출한 다음, 일련의 절차에 따라 커퍼의 미각과 후각에 의해 커피의 맛과 향을 평가하는 것으로써 커핑을 하는 사람은 사전에 규정한 커핑의 방법과 기술적인 요령을 정확히 실행할 수 있어야 한다.

5) 커피 플레이버와 바디

커피는 커피나무의 대사작용과 커피 생콩의 로스팅으로 형성된 무기, 유기 물질의 합성물로 플레이버(Flavor)와 바디(Body)를 갖는다. 커피 플레이버는 향기(Aroma)와 맛(Taste)을 동시에 느끼는 감각이다. SCAA는 커피의 향미를 평가하는 데 참조하여 사용할 수 있는 플레이버 휠을 선보였고, 2016년에는 더욱 상세하게 세분화하고 서로 간의 상관관계를 표시하고 있는 새로운 플레이버 휠을 제안하였다.

• 출처 : SCAA

• 출처 : SCAA

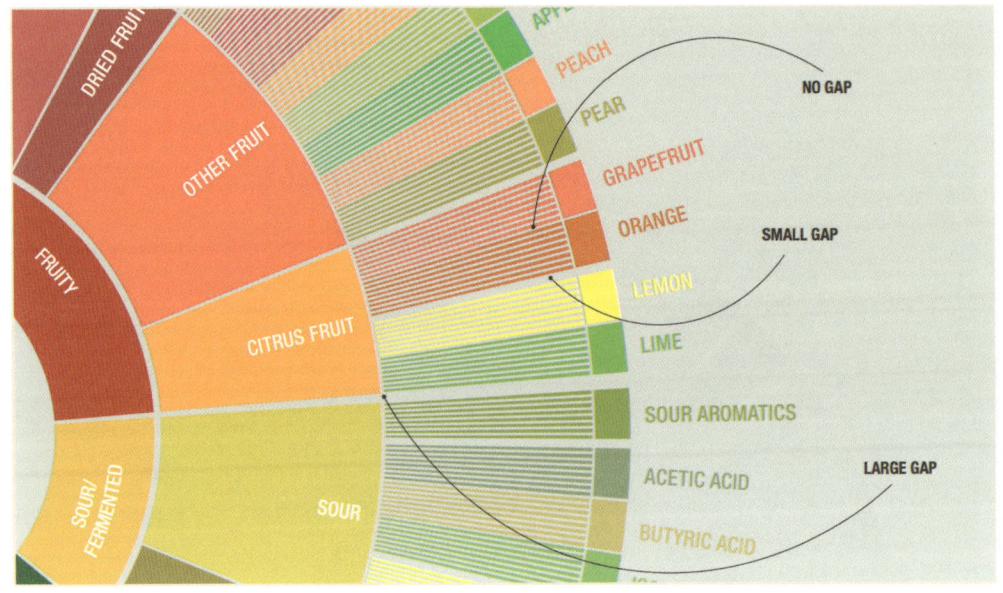

■ 읽는 순서

- 1단계 : 다방면으로 고찰해 보아라(Take it All In).
- 2단계 : 특정 커피를 맛보아라(Taste some Coffee).
- 3단계 : 중심에서 시작해라(Start at the Center).
- 4단계 : 향미단어를 읽어라(Read the Lexicon).
- 5단계 : 참고사항을 확인해라(Check out some References).
- 6단계 : 다시 중앙에서 시작해라(Start at the Center Again).
- 7단계 : 네가 사용하는 단어로 쓰라(Use your Words).
- 8단계 : 색깔들을 고려해라(Study the Colors).

■ Tip

각 향미 단어 사이의 간격 넓이는 각 단어 간의 연관성을 나타내 준다. 가까우면 서로 밀접한 관계가 있는 것이고 멀면 서로 연관성이 적다는 것이다.

커피 관능 평가

1. 커피 관능 평가

커피의 관능 평가(Sensory evaluation)는 인간의 감각기관을 통해 평가하는 것으로서 후각(Olfaction), 미각(Gustation), 촉각(Mouthfeel)의 세 단계로 이루어진다.

1) 후각

커피 향기는 로스팅된 커피에 함유되어 있는 기체 상태의 화합물로 구성되어 있으며 코의 점막에 있는 후각 세포에 의해 기억된다. 이렇게 향을 인식하는 과정을 후각 작용이라고 한다.

2) 미각

커피 맛은 로스팅된 커피를 추출했을 때 물에 녹는 무기, 유기성분에 의하여 구성된다. 커피 맛은 혀에 있는 미뢰를 통해 느끼게 된다. 이러한 맛을 느끼는 과정을 미각작용이라고 하며 단맛, 짠맛, 신맛, 쓴맛의 네 가지 기본 맛을 동시에 인식하는 것이다.

3) 촉각

기화하지 않고 물에 녹지 않은 성분은 입에 남아서 바디(Body)를 형성한다. 바디는 물과 비교하여 입안에서 느껴지는 상대적인 감촉(Mouthfeel)이다.

2. 후각(Olfaction)

커피의 향기는 800여 가지나 된다. 커피의 전체적인 향기를 부케(Bouquet)라고 한다. 이 전체적인 향기는 다시 세부적으로 네 그룹으로 구성된다.

- **커피의 향기**
  ① 분쇄된 커피 향기 – Dry Aroma(Fragrance)
  ② 추출 커피 향기 – Wet Aroma/ Cup Aroma
  ③ 마시면서 느끼는 향기 – Nose
  ④ 입안에 남는 향기 – Aftertaste

- **향기의 강도 분류**
  ① Rich : Full & Strong(풍부하면서 강한 향기)
  ② Full : Full & Not strong(풍부하지만 강도가 약한 향기)
  ③ Rounded : Not full & strong(풍부하지도 강하지도 않은 향기)
  ④ Flat : absence of any bouquet(향기가 없음)

향기 특성은 커피의 독특한 맛의 변조와 결합하여 각기 다른 특별한 향미를 형성하게 된다. 그러므로 후각은 비슷한 커피 품종을 다른 것과 구별해 주는 기본적인 관능

수단이다.

"무엇이든지 기체가 되지 않으면 냄새로 느낄수 없다"

- 향기를 느끼는 후각은 코 안의 점막에 있는 수용 세포(Receptor)가 휘발성 물질에 의한 자극을 감지하는 감각 조직이다.
- 커피 향기는 로스팅된 커피에 함유되어 있는 기체 상태의 천연 화합물로 구성되어 있으며, 커피를 분쇄했을 때 가스 상태로 방출되며 분쇄된 커피를 물로 추출하면 증기(Vapor)상태로 방출된다. 커피 향기는 코의 점막에 있는 후각 세포에 의해 기억된다. 이렇게 향을 인식하는 과정을 후각 작용(Olfaction)이라고 한다.

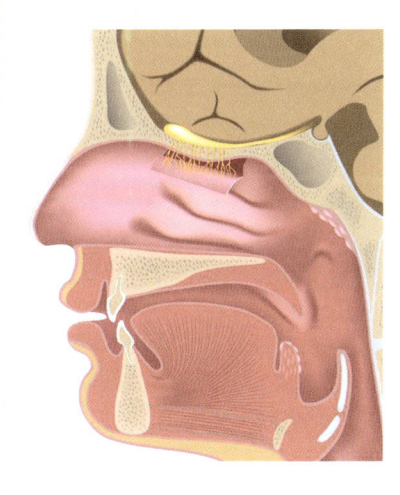

- 후각 신경은 코 안쪽에 있다 : 코 안쪽 맨 위쪽에 엄지손톱 크기.
- 냄새–후각수용체–전기적신호–후각신경– 대뇌피질(후각피질).

- 후각수용체는 350여개.
- 후각은 순응(적응, Adaptation)이 빠르다.
- 순응은 지속적인 자극에 대해 감각 기능이 떨어지는 것.

- 습관은 후각 세포는 반응하나 의식적으로 지각되지 않는 현상(익숙한 곳의 냄새).
- 후각 신경은 시상을 거치지 않고 곧장 대뇌로 정보 전달(후각은 감정과 기억을 담당하는 뇌로 곧장 연결되며 기억에 직접 영향을 미치고 무의식적으로 작용).

■ 일반적으로 커퍼는 특정한 향기에 대한 고도의 분별 능력보다는 오랜 경험을 통하여 훈련(획득)된 '향기의 기억(Ordor memory)'에 더 의존하게 된다.

"뇌는 한번도 경험해 보지 못한 것을 인지하지 못한다."

■ SCAA 아로마 휠(Aroma Wheel) 보는 법

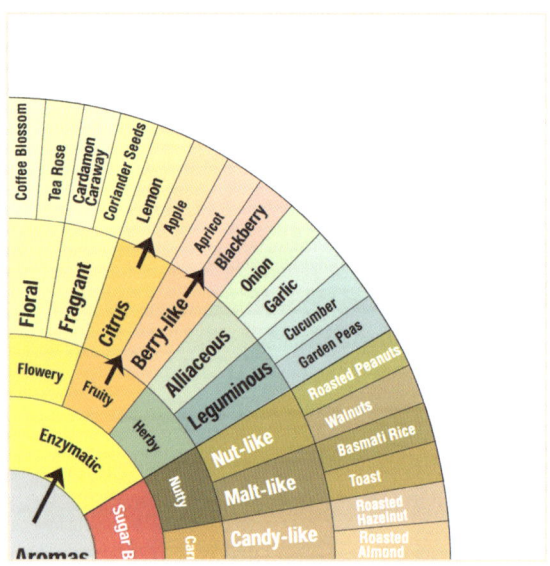

• 출처 : SCAA

커피 지도사 1급

3. 미각

1) 네 가지 기본 맛(Four basic tastes)

일반적으로 혀는 혀 점막의 수용체가 가용성 화합물의 자극을 인식하여 맛을 느끼는데 단맛, 짠맛, 신맛, 쓴맛의 네 가지 기본 맛을 구별할 수 있다.

커피 맛은 네 가지 기본 맛의 결합으로 나타난다. 이 가운데 신맛, 짠맛, 단맛은 전체 커피 맛 중에서 더 뚜렷하게 나타나는데 이런 맛을 내는 성분이 많이 들어 있기 때문이다. 쓴맛의 역할은 단지 다른 세 가지 맛의 강도를 조절할 뿐이다.

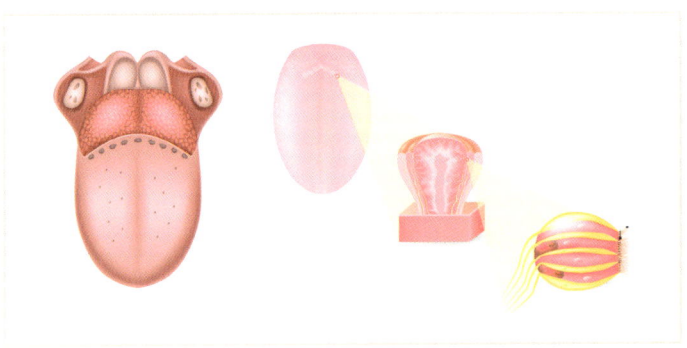

2) 커피의 6가지 1차 맛(Six primary tastes)

커피의 기본 맛인 신맛, 단맛, 짠맛은 각 맛의 상대적 강도에 따라 맛의 변조 효과를 통해 상호작용을 하여 여섯 가지 맛의 결합이 일어날 수 있다. 커피 맛을 체계적으로 표현하기 위한 첫 단계는 여섯 가지 일차 맛을 정확하게 식별하는 것에서부터 출발한다.

- ■ 맛의 상호작용
  - ① Acidy – 산이 당의 단맛을 증가시킨다.
  - ② Mellow – 염은 당의 단맛을 증가시킨다.
  - ③ Winey – 당은 산의 맛을 감소시킨다.

④ Bland – 당은 염의 짠맛을 감소시킨다.

⑤ Sharp – 산은 염의 짠맛을 증가시킨다.

⑥ Soury – 염은 산의 신맛을 감소시킨다.

■ SCAA 테이스트 휠(Taste Wheel) 보는 법

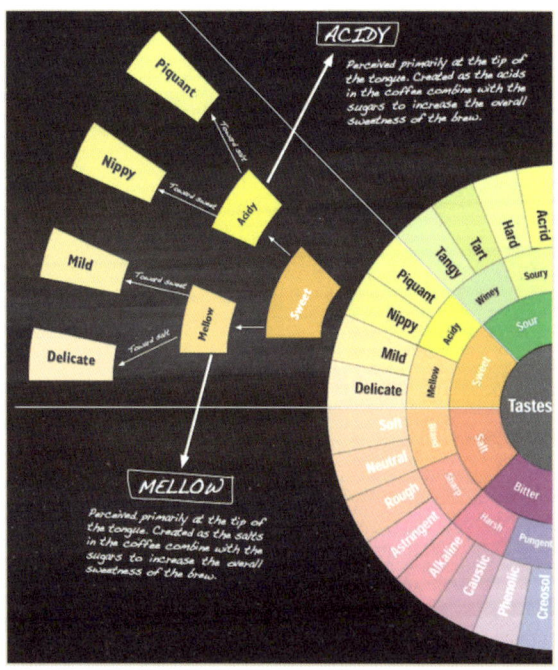

• 출처 : http://shotzombies.com/2012/07/25/a-guide-to-the-coffee-tasters-flavor-wheel/posted by Mike

커피 지도사 1급

4. 촉각

촉각은 음식이나 음료를 섭취하거나 섭취한 후 입안에서 물리적으로 느끼는 촉각의 포괄적인 개념이다. 입안에 있는 말초 신경은 커피의 질량감(점도)와 부드러운 정도(미끈함)을 감지하는데, 이 두 가지를 집합적으로 합친 개념으로 바디(Body)라고 표현한다.

1) 커피 촉감에 관한 용어

- 지방 함량에 따른 부드러운 정도 : Buttery > Creamy > Smooth > Watery
- 고형성분의 양에 따른 질량감 : Thick > Heavy > Light > Thin

2) 바디와 농도

바디(Body)는 촉감(촉각)의 특성이지만, 농도(Strength)는 맛(미각)의 강도에 대한 특성이다. 물에 녹지 않는 물질들이 바디를 표현하는 감각의 원인인 반면, 농도는 용해된 성분이 감각의 원인이 된다. 바디는 '부드럽다', '무겁다'로 표현되며 농도는 '진하다', '연하다'로 표현된다.

5. 커피의 향미 결점

커피가 형성되는 전체 과정에서 내적, 외적인 요인들이 커피의 향미에 끊임없이 영향을 끼치게 된다.

- Flavor Taints : 향기의 결함에 국한되는 약한 플레이버 결점
- Flavor Faults : 맛에 영향을 주는 중대한 결함

6. 커피 맛과 향의 변조

커피 향은 볶은 커피에서 나는 향, 추출된 커피의 향, 마시면서 느끼는 향, 입안에 남는 향으로 구분이 된다. 하지만 커피 한 잔의 향은 이 가운데 어느 하나로만 구성되는 것이 아니라 네 가지가 조화를 이루면서 만들어 내는 것이다.

커피 맛은 기본적으로 단맛, 짠맛, 신맛, 쓴맛이다. 이 기본 맛들이 서로 영향을 미쳐 우리 혀에 '맛의 변조'를 일으킨다. 예를 들어 토마토에 소금을 뿌려 먹으면 더 달게 느끼는 것도 맛이 변조하는 덕이다. 스페셜티커피의 특징 중 하나인 신맛도 신맛만 강하게 느껴진다면 싫어할 것이다. 신맛과 단맛, 신맛과 쓴맛, 신맛과 단맛과 쓴맛 등이 어우러질 때 우리는 그 신맛을 더 고급스럽다고 감지하게 된다. 이처럼 커피는 상승 효과를 낼 수 있는 맛 성분들이 적절하게 들어있을 때 더 좋은 평가를 받게 된다.

커핑 프로토콜

1. 커핑 프로토콜의 이해

언제나 같은 조건으로 평가해야 되므로 정해진 프로토콜에 맞추어 커핑을 실시한다. 2000년대 초반에 들어서면서 미국 커피시장을 중심으로 고품질 커피를 추구하는 회사들이 하나 둘 늘어나 소비국 차원에서 생두 품질에 대해 객관적으로 평가할 수 있는 방법들이 모색되었다. 농작물의 생산 이력이 중요시되는 사회적 분위기 속에 커피 또한 생산이력이 뚜렷해지기 시작했으며, 커피 거래 시장에 변화의 바람이 불면서 고품질 커피를 생산하면 고가에 판매할 수 있는 방법이 있다는 사실에 눈을 뜬 농부들은 농사를 더욱 체계화시켜 나갔다. 더불어 소비국에서는 보다 맛있는 커피에 눈을 뜨고, 공통된 기준으로 커피를 평가하자는 분위기가 형성되면서 스페셜티 커피의 평가 기준이 발전하였다.

1) 커핑폼

2003년에 SCAA에서 만들어졌고, 스페셜티 커피의 평가를 위해 생산국과 소비국에서 함께 사용되고 있다. 생산국 및 소비국에서 같은 기준으로 평가할 수 있기 때문에 시장에 빠르게 보급되었다.

■ SCAA Cupping Form

커핑 서식용지는 커피에 대한 주요한 향미 속성들, 즉 향(Fragrance/Aroma), 향미(Flavor), 여운(Aftertaste), 신맛(Acidity), 바디(Body), 균형감(Balance), 균일감(Uniformity), 클린 컵(Clean Cup), 단맛(Sweetness), 결함(Defects), 총괄(Overall)을 기록하는 수단을 제공한다.

① 특정 향미 속성들은 커퍼들의 판단으로 부여되는 품질의 긍정적 점수이다.

② 결함은 불쾌한 향미 감지를 가리키는 부정적 점수이다.

③ 총괄 항목 점수는 커퍼의 개인적인 평가로 개인의 향미경험에 근거해 채점된다.

④ 이들은 10점 척도로 평가하며, 6에서 9까지 숫자 값 사이의 한 칸을 4등분한 점수 차로 품질의 등급을 나타낸다. 이들 레벨은 다음과 같다.

Quality Scale :

6.00 - Good	7.00 - Very Good	8.00 - Excellent	9.00 - Outstanding
6.25	7.25	8.25	9.25
6.50	7.50	8.50	9.50
6.75	7.75	8.75	9.75

⑤ 이론상으로 위 척도의 범위는 최저값 0에서 최고값 10까지이다. 척도에서 가운데 밑으로는 스페셜티급이 아니다.

2) 각 평가 속성

(1) Frangrance/Aroma

향 부문에는 아직 마른 상태일 때의 분쇄 커피 냄새로 정의되는 '프래그런스(Fragrance)'와 뜨거운 물을 부었을 때의 커피 냄새인 '아로마(Aroma)'가 있다. 커핑 과정에서 이것은 별개의 단계로 평가할 수 있다.

    ① 커피에 물을 붓기 전 컵에 든 분쇄가루 냄새 맡기

    ② 표면을 흩어뜨릴 때 발산되는 아로마 맡기

    ③ 커피에 물이 배어들었을 때 발산되는 아로마 맡기

특정 아로마는 '퀄리티(Qualities)' 아래에 적고, 마른 향, 흩어 뜨릴 때의 향, 젖은 향 부문의 강도는 5점의 세로 척도로 표시한다. 마지막으로 점수는 샘플 Fragrance/Aroma의 3가지 측면에 대한 선호도를 다 반영해서 주어져야 한다.

(2) Flavor

향미는 커피의 주요 특성, 즉 맨 처음 맡는 커피 아로마의 첫인상에서부터 신맛과 마지막 여운에 이르기까지 그 사이의 '중간' 미감을 가리킨다. 이것은 모든 미각이 느끼는 감각들과 입에서 코로 통하는 후각 점막 세포가 감지하는 아로마에서 한꺼번에 같이 받는 인상이다. Flavor 점수는 평가할 때 입천장 전체에 다 접하도록 하기 위해 커피를 입안으로 힘차게 훌쩍 빨아들이면서 경험하는 맛과 아로마에서 한꺼번에 받는 강도, 퀄리티, 복합성에 주어진다.

(3) Aftertaste

여운은 입천장 뒤편에서 감지되고, 커피를 뱉어내거나 삼킨 후 남아 있는 긍정적 향미(맛과 향) 특질의 지속 시간으로 정의된다. 여운이 짧거나 불쾌하다면, 낮은 점수를 받게 된다.

(4) Acidity

신맛은 좋을 때는 '산뜻함(Brightness)'으로, 좋지 않을 때는 '시큼하다(Sour)'로 종종 묘사된다. 가장 좋을 때의 신맛은 커피에 생기, 단맛, 신선한 과일의 특성이 살아나고, 커피를 입으로 처음 훌쩍 들이키면서 거의 동시에 경험하게 되고 평가된다. 하지만, 지나치게 강하거나 압도적인 신맛은 불쾌할 수 있고, 과도한 신맛은 샘플의 향미 프로파일에 적절치 못할 수 있다. 가로 체크 척도로 표시하는 최종 점수에서는 심사위원이 인지한 신맛의 퀄리티는 원산지 특성과 또는 다른 요소들(볶음도, 사용 목적, 기타)에 기초해 예상되는 향미 프로파일과 관련하여 반영하게 된다. 케냐 커피와 같이 신맛이 많이 날 것으로 예상되는 커피나 수마트라 커피처럼 신맛이 많지 않을 것으로 예상되는 커피들은 비록 그들의 강도 평가가 아주 다를지라도 똑같이 높은 선호도 점수를 받을 수 있다.

(5) Body

바디의 퀄리티는 입에 물고 있을 때, 특히 혀와 입천장 사이에서 감지되는 커피액의 촉감에 달려 있다. 무거운 바디를 지니는 샘플들 대부분은 추출 콜로이드와 자당이 들어 있기 때문에 퀄리티와 관련해 역시 높은 점수를 받을 수 있다. 하지만 바디가 가벼운 샘플들 역시 입안에서 좋은 느낌을 지닐 수 있다. 바디가 높을 것으로 예상되는 수마트라 커피와 같은 커피들, 또는 바디가 낮을 것으로 예상되는 멕시코 커피 같은 커피들이, 비록 그들의 강도 평가가 아주 다르다 해도, 선호도 점수가 똑같이 높을 수 있다.

(6) Balance

샘플의 향미, 여운, 신맛, 바디 이 모든 다양한 측면들이 다 함께 작용해서, 어떻게 서로에게 보완이 되거나 또는 대조를 이루느냐가 밸런스이다. 샘플이 어떤 향이나 맛 속성이 부족하거나 어떤 속성이 압도적이라면, 밸런스 점수는 줄어들게 될 것이다.

(7) Sweetness

단맛은 어느 정도 뚜렷하게 나는 단맛뿐 아니라 기분 좋게 하는 흥미힌 향미를 가리키며, 어떤 탄수화물이 들어 있는 결과로 인해 단맛을 감지하게 된다. 이런 의미에서 단맛의 정반대는 시큼하게, 떫음, 즉 '풋내(Green)' 향미이다. 커피에서 단맛을 직접적으로 감지하지 못할 수도 있지만, 다른 향미 속성들에 영향을 미치게 된다. 이 속성을 보여 주는 각각의 컵에 2점씩 주고 최대로 줄 수 있는 점수는 10점이다.

(8) Clean Cup

클린컵은 처음 입에 댈 때부터 최종 여운에 이르기까지 부정적인 인상이 끼어 있지 않다는 것, 즉 컵의 '투명성(Transparency)'을 가리킨다. 이 속성을 평가할 때는 마시는 첫 순간부터 마지막 삼키거나 뱉어내기까지의 총체적인 향미 경험에 주목하도록 한다. 커피답지 않은 맛과 향은 어떤 것이라도 개별 컵으로서 실격이 된다. 클린컵의 속성을 보여 주는 각각의 컵에 2점씩 준다.

(9) Uniformity

균일성은 테스트하는 샘플을 담은 컵들 간의 향미의 지속성을 가리킨다. 컵에서 다른 맛이 나게 된다면 이 측면의 평가는 높아질 수 없다. 이 속성이 드러나는 각각의 컵에 2점씩 주고, 5컵 모두 같다면 줄 수 있는 최대 점수는 10점이다.

(10) Overall

'총괄' 부문의 점수는 패널 개인이 감지한 대로 샘플에 대한 전체적인 통합 평가를 반영하도록 의도된 것이다. 매우 좋은 측면을 여럿 지니고 있지만, 그다지 '척도로 평가'할 만하지 못한 샘플은 낮은 평가를 받게 될 것이다. 특성에 대한 기대치를 충족시키고 특정 원산지 향미 퀄리티를 보여주는 커피는 높은 점수를 받게 된다. 좋은 예로, 개별 속성의 개별 점수로 충분한 점수를 받지 못한 좋은 특성은 훨씬 더 높은 점수를 받을 수 있다. 이 단계에서 패널은 자신의 개인적 평가를 한다.

(11) Defects

결점이란 커피의 퀄리티를 떨어뜨리는 부정적이거나 나쁜 향미이다. 이들은 두 가지 방식으로 분류된다. 흠(Taint)은 드러나지만 압도적이지 않은 나쁜 향미로, 흔히 아로마 측면에서 발견된다. 'Taint'는 강도 항목에서 '2'점이 주어진다. 결함(Fault)은 흔히 맛 측면에서 볼 수 있고, 압도적이거나, 맛없게 만들어서 강도 평가에서 '4'점이 주어진다. 결함은 먼저, Taint인지 Fault인지를 분류하고 나서 (예를 들어 '시큼한 (Sour)', '고무내(Rubbery)', '발효', '페놀' 같은) 기술어로 표현하고 그 표현을 적어 넣는다. 그리고 나서 결함이 드러난 컵의 갯수를 세고, 결함의 강도는 2 혹은 4로 기록한다. 결점 점수는 커핑지에 있는 지시에 따라 곱하여 총점에서 뺀다.

커핑은 생두의 품질 상 문제점 유무를 확인하는 작업이기도 하다. 결점의 향미는 커피의 전체적인 향미에 크게 영향을 끼친다. 결점이 되는 향미를 알아내는 것은 중요하지만, 스페셜티커피 커핑의 목적이 단지 결점을 찾아내는 것은 아니다. 좋은 향미를 찾고 좋은 향미가 어떤 것인지 생각하는 것이 중요하다.

3) 어떻게 트레이닝할 것인가?

커피의 향미를 이해하는 것은 간단하지 않다. 많은 체험이 필요하며, 어느 정도의 훈련도 필요하다. 막연히 커피를 마시는 것이 아니라 의식하면서 마심으로써 미각을 개발할 수 있다. 우리는 맛에 대해 좀 더 알아야 하고, 음악과 미술을 배우듯이 맛에 대하여 제대로 교육을 받을 필요가 있다.

이를 위해서는 다음과 같은 훈련을 꾸준히 해 나가야 한다.

① 재래종의 향미를 기억한다.

② 품종과 생산국에 따른 향미를 체험한다.

③ 가공 방식에 의한 향미의 차이를 기억한다.

④ 많은 샘플을 체험한다.

⑤ 좋은 커피를 체험한다.

⑥ 트라이앵글레이션으로 미각을 단련한다.

⑦ 다른 식품과 음료의 향미에 관심을 갖는다.

⑧ 매일 반복한다.

■ 향미 단어가 기재되어 있는 향미 평가 훈련을 위한 커핑폼

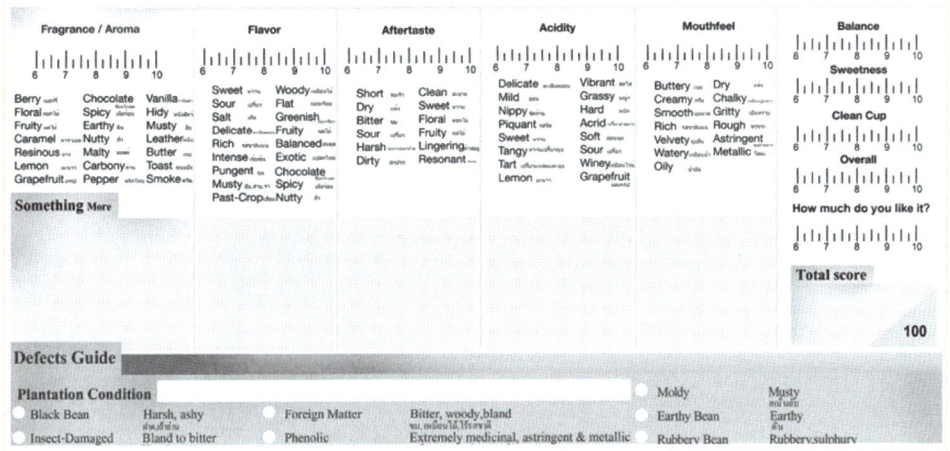

• 출처 : http://www.scaa.org/chronicle/2016/02/05/how-to-use-the-coffee-tasters-flavor-wheel-in-8-steps/

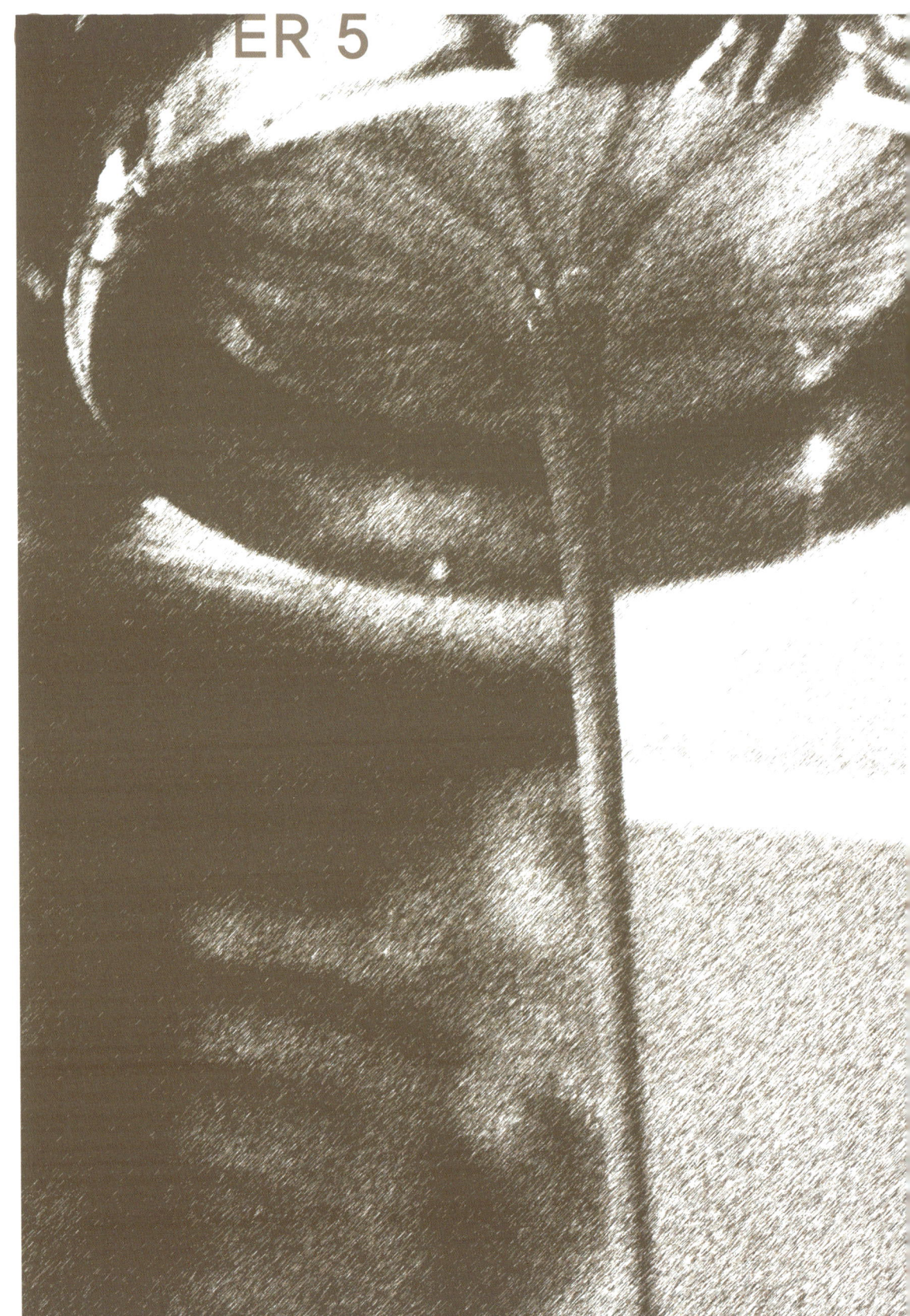

브루잉 이해 II

- TDS와 농도의 정의
- 사용한(할) 커피양, 수율, 사용한(할) 물양, TDS, 추출 수율과의 상관관계

목표

• TDS와 농도에 대한 개념을 정의한다.
• 커피 추출에 관여하는 커피 액량, 농도, 고형물의 성분, 추출 수율에 대하여 알아본다.

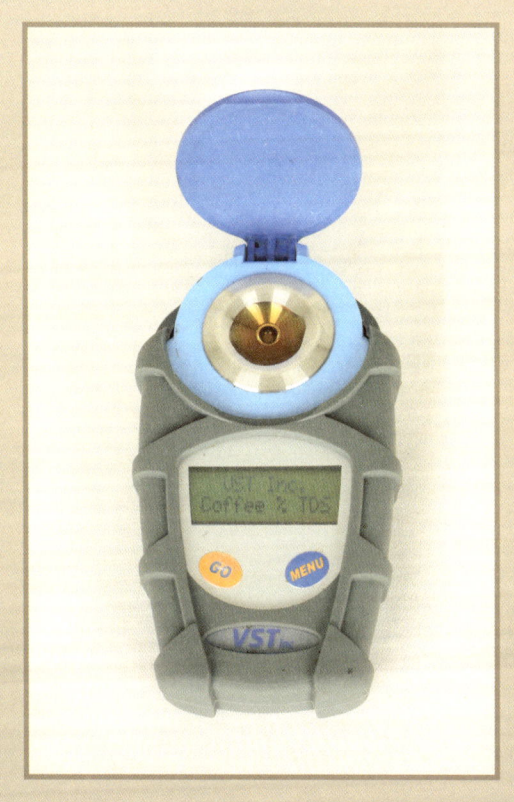

TDS와 농도의 정의

1 TDS

1) TDS란 무엇인가?

TDS는 총용존고용물(Total Dissolved Solids)[7]을 말한다. 이 용해[8]된 무기물들은 전류를 흐르게 하고 전기전도도[9] 측정에 영향을 미친다. 전기전도도와 TDS 사이에는 상호연관 관계가 있기 때문에 전기전도도 측정은 무기물(고체)의 존재를 추정하는 데 사용된다. 오염된 물(혼합물)을 여과지(거름종이)에 여과(혼합물의 분리)시켰을 경우 여과지 위에 남는 것

---

[7] 총용존고용물 : 용액 속에 녹아 있는 고체(무기질)의 총량

[8] 용해(溶解, Dissolution) : 일반적으로 용질이 분자 상태로 되어 용매의 분자 사이로 균일하게 녹아드는 현상을 말한다. 그러므로 용해가 되면 용질은 형태가 없어진다. 용매 입자와 용질 입자의 사이의 인력이 용매 입자끼리의 인력이나 용질 입자끼리의 인력보다 크거나 같으면 용해가 잘 일어난다.
용해(融解, Melting) : 물질의 상태 변화의 하나로 고체가 가열되어 액체로 변하는 현상을 말한다.

[9] 전기전도도(電氣傳導度, Conductivity) : 전위차가 있는 두 물체를 도체(導體)로 연결하였을 때 전류가 통하는 현상의 비례 값이다. 전도도 또는 비저항은 물질에서 전류가 잘 흐르는 정도를 나타내는 물리량으로, 전기전도도는 비저항의 역수 $\sigma=1/\rho$이다. 전도율과 유사한 값이나, 크기 변수인 전도율과 달리 세기 변수이다. 즉, 물체의 크기나 모양에 관계없는 물질 고유의 성질이다. 국제단위는 [S/m].

과 여과지를 통과하는 것이 있는데 여과지에 걸러지는 것을 SS(Suspended Solide, 부유물질[10])라고 하고 통과한 것을 건조하여 무게를 측정한 것을 TDS라 한다. 여과지를 통과한 용액[11](균일혼합물[12] 취급) 속에 있는 용해[13]된 물질(용질[14])이 바로 용존고형물(DS, Dissolved Solids)이라고 한다.

TDS를 측정하는 표준방법은 180℃에서 시료를 건조시켜 증발되고 남은 물질을 측정하는 것이다. 그러나 그 방법은 번거롭기 때문에 TDS 미터기로 대체 측정하여 많이 사용한다. 그러나 TDS미터기는 용존고형물을 측정하지 않는다. TDS는 전기전도도를 전환계수와 곱하여 TDS를 계산한다. TDS는 단순히 용액의 단위량 중 전체 고체가 지닌 총 무게를 의미한다. TDS미터는 전기전도도가 염화칼륨(KCl) 또는 염화나트륨(NaCl)과 같은 단일 염[15]에 의해 발생된다. 순수전도도는 물의 해리로 생성된 H^+이온과 OH^-이온의 전기 전도도와 물속의 모든 염류의 전기 전도도를 합한 것이다. TDS를 계산하기

---

10) 부유물질 : 물속에 있는 입자지름이 약 1μm 이상 2mm 이하인 고형 물질의 총칭으로서 현탁 물질이라고도 하며, 물을 흐리게 하는 원인이 되는 것으로서 용해성 물질과 구별됨.

11) 용액(溶液, Solution) : 둘 이상의 물질로 구성된 혼합물로, 주로 액체 상태인 경우에 사용하지만 고체 또는 기체에 대해서 사용하기도 한다. 액체나 기체 등의 물질에 다른 물질이 섞여 들어가 (현탁액과 달리) 그 조성이 어느 지점에서나 균질하게 된 것을 말한다.

12) 균일혼합물(均一混合物, Homogeneous mixture) : 물질은 다른 물질과의 혼합 여부에 따라 순물질과 혼합물로 나누어진다. 순물질은 물론 다른 물질이 전혀 섞이지 않고 한 종류만으로 이루어진 물질을 말한다. 두 종류 이상의 물질이 화학적이 아닌 물리적으로만 섞여 있는 혼합물은 다시 균일 혼합물과 불균일 혼합물로 분류된다. 이 중 균일 혼합물은 두 종류 이상의 순물질이 본래의 성질을 그대로 유지한 채 섞여 있는 물질을 말한다. 여러 물질이 고르게 섞여 있기 때문에 특정 부분을 취해도 그 성질(밀도, 색깔, 농도 등)이 같다는 특징이 있다. 암모니아수, 공기, 소금물 등이 대표적인 균일혼합물로 이들은 거름종이로 걸러도 분리되지 않는다.

13) 용질(溶質, Solute) : 용액의 바탕이 되는 액체를 용매라고 하고, 그 속에 녹아있는 물질을 용질이라고 한다. 기체, 액체, 고체 모두 용질이 될 수 있다.

14) 염 (鹽, Salt) : 염산과 수산화나트륨 수용액의 중화 반응에서 생기는 염인 염화나트륨은 물에 녹은 상태로 존재한다. 그러나 모든 염이 물에 잘 녹는 것은 아니다. 조개껍데기나 달걀 껍데기의 주성분인 탄산칼슘은 물에 녹지 않는 대표적인 염이다. 양이온이나 음이온을 검출할 때 이용하는 앙금 생성 반응에서 만들어진 앙금들도 모두 물에 녹지 않는 염이다.
• 일반적으로 나트륨 이온(Na^+), 칼륨 이온(K^+), 암모늄 이온($NH4^+$)에 음이온이 결합하여 생긴 염이나 질산이온($NO3^-$)에 양이온이 결합하여 생성된 염은 모두 물에 잘 녹는다. 그리고 염화 이온(Cl^-)에 양이온이 결합하여 생성된 염도 염화은($AgCl$)을 제외하면 물에 잘 녹는다. 반대로, 칼슘 이온($Ca2^+$), 바륨 이온($Ba2^+$), 은 이온(Ag^+)에 황산이온($SO42^-$)이나 탄산 이온($CO32^-$)이 결합하여 생긴 염은 물에 잘 녹지 않는다.

15) 물은 지니고 있는 염에 따라 TDS와 전기전도도 비율이 다양하나 그 평균값으로 0.65를 이용한다. 오류는 15% 이하이다.

커피 지도사 1급

위해 기기는 1℃당 2%의 온도계수를 사용하여 25℃에 대한 측정전도도를 수정하며, 그 결과에 0.65[16]를 곱한다. 그러나 커피의 전환계수 수치는 물(0.65)와 달리 4.545이나. 노는 커스텀 커브(Custom Curve)를 통해 실행된다. 사용자는 이를 이용해 0.65 이외의 전환계수 또는 1℃당 2%이외의 온도 계수를 선택할 수 있다.

2) 음용수에서의 TDS

TDS는 음용수에서는 크게 중요한 수치가 아니다. 음용수 기준에도 TDS 항목이 없고 1984년 WHO의 음용수 관리법에서 TDS를 1.000mg/L로 규정하고 있다. 오히려 TDS는 식수보다는 보일러 용수를 체크하는 데 사용한다. 보일러 관의 스케일 생성에 TDS가 중요한 지표이기 때문이다.

TDS를 측정은 물속의 무기물[17]과 유기물[18]의 총량을 측정한다는 말이다. 그러므로 TDS 수치가 높다는 것은 그것이 유익하든 무익하든 상관없이 많은 물질이 녹아 있다는 말이다. 예를 들면 각종의 유기물, 무기물이 풍부한 우유의 TDS 수치는 놀랄 만큼 높지만 우유가 마실 수 없을 정도로 오염된 것임을 나타내는 말은 아니다.

그러나 물속에 유기물과 무기물을 측정한다는 것이 대단히 곤혹스러운 일이며 휘발성 물질(Volatile Solute)이나 산화(Oxidation)과정에서 발생하는 용존 기체 등을 측정한다는 것은 신속성을 요구하는 수질관리의 측면에서 보면 실용성이 없는 일이다. 결국 측정의 번거로움과 곤란성 때문에 TDS값이 전기전도도(Conductivity)로 추측하게 된다.

실제로 TDS는 순수(증류수)의 개념에서 보면 매우 중요한 의미를 갖게 된다. 순수는 무기물이든 유기물이든 최고로 적은 즉 거의 없는 것이 가장 좋기 때문이다. 우리 인간이 마시는 물에는 여러 가지 미네랄이 포함되어 있는데 그 양은 각기 차이가 있다.

---

16) 무기물(Mineral, 무기염류) : 유기물 이외의 물질, 광물과 유의어

17) 유기물 : 생명체가 만들어 내는 탄소를 포함하는 화합 물질인 유기 화합물의 줄임말이다. 식품의 주성분인 지방 · 단백질 · 탄수화물도 여기에 포함된다.

18) 어떤 사물의 목적이나 기준이 되는 표적이나 표지

2. 농도

용액이나 기체, 고체 혼합물에 들어 있는 구성 성분의 묽고 진한 정도를 말한다. 농도는 일정한 양의 액체나 기체 혼합물에 섞여 있는 각각의 성분이 해당 혼합물에서 어느 정도를 차지하고 있는지를 나타내는 것으로 질량백분율(백만분율), 몰 농도, 몰랄 농도, 부피백분율과 같은 다양한 계산법이 사용되고 있다.

1) 질량백분율

일반적으로 % 농도로 알려져 있는데, 100g의 용액 속에 포함된 용질의 그램 수를 나타낸 것이다.

$$\% \, 농도 = \frac{용질의 \, 질량(g)}{용액(용매 + 용질)의 \, 질량(g)} \times 100$$

부피백분율은 용액 100ml속에 녹아 있는 용질의 ml를 %로 환산한 계산법을 사용한다.

$$\% \, 농도 = \frac{용질의 \, 부피(mL)}{용액(용매 + 용질)의 \, 부피(mL)} \times 100$$

2) ppm(Parts per million)

농도의 단위로 100만분의 1을 나타낸다. 미량 함유 물질의 농도를 표시할 때 사용하는데 1g의 시료 중에 100만 분의 1g, 물 1t 중의 1g, 공기 1㎥ 중의 1cc가 1ppm이다. ppm 단위를 사용하는 예로 물의 세기를 나타낼 때 미국식으로는 1L 속에 포함되어 있는 칼

커피 지도사 1급

슘 이온과 마그네슘 이온의 양을 ppm단위로 나타낸다. 수질오염의 지표[19] 값은 일반적으로 ppm(mg/L), ppb(㎍/L) 등의 농도를 사용한다.

$$ppm\,농도 = \frac{용질의\,질량(g)}{용액(용매 + 용질)의\,질량(g)} \times 1,000,000 \quad 혹은$$

$$ppm\,농도 = \frac{용질의\,부피(mL)}{용액(용매 + 용질)의\,부피(mL)} \times 1,000,000$$

3) 몰 농도

용액 1L에 녹아 있는 용질의 원자(혹은 분자)수를 몰(Mol)로 나타낸 것으로, 단위는 M이다.

$$몰농도\,(M) = \frac{용질의\,mol수}{용액의\,L}$$

화학적으로 서로 다른 둘 이상의 물질의 균질 혼합물인 용액의 조성을 나타낼 때 사용한다. 몰 농도는 용액의 농도를 표시하는 방법의 하나인데 분자 농도 혹은 체적 몰 농도라고도 한다.

몰 농도는 단위 부피당 특정 성분의 분자 수를 뜻한다. 몰이란 물질의 g분자량, 즉 분자의 아보가드로수를 말한다. 다시 말해 어떤 물질의 몰 수는 무게를 그 물질의 분자량으로 나눈 값이며, 이것은 시료 내의 분자 수를 아보가드로수로 나눈 값과 같다.

4) 몰랄(Molality) 농도

용매 1000g 속에 녹아 있는 용질의 몰수를 뜻하며, 단위는 m 또는 b이다. (용액의 질량이

---

19) 어는점 내림 : 어는점이 내려가는 현상. 순수한 용매에 용질을 넣으면 순수한 용매일 때보다 어는점이 내려가는 현상이. 용액의 어는점은 용질의 몰 농도에 비례하여 낮아진다.

기준이 아니다.) 전해질 용액에서는 보통 용매(주로 물)와 용질을 구별하며, 이때 용질은 이온으로 해리된다. 이러한 용액은 몰랄 농도(Molality)로 나타내는 것이 편리한데, 이 값은 용매 1,000g당 전해되지 않은 용질의 분자 수에 비례하는 값이다. 용매 1,000g 중의 분자나 이온의 수는 매우 크기 때문에 몰랄 농도는 용매 1,000g당 몰수로 정의된다. 온도에 따라 부피가 변하면 몰 농도는 변하므로 측정에 어려움이 있어 어는점 내림[20]이나 끓는점오름[21] 측정할 때 사용한다.

$$몰랄농도\,(m\,or\,b) = \frac{용질의\,mol수}{용매의\,kg}$$

---

20) 비휘발성 용질을 녹인 용매의 끓는점이 순수한 용매의 끓는점보다 높아지는 현상이다. 액체는 그 액체의 증기압이 외부 압력과 같을 때 끓는다. 끓는점 오름은 묽은 용액의 경우에 용질의 종류에 영향을 받지 않고 용매에 따라 고유한 값을 가지며 용질의 몰(mol) 수에 비례한다.

21) 추출 진행 과정은 3단계로 나눌 수 있다. 추출이 시작되는 초반에는 아직 향미가 덜 추출된 '미달추출', 계속 추출되면 충분한 향미가 발현되는 '적정추출', 또 계속 추출이 진행되면 한계시점에 도달하고 더 이상 향미가 없이 물로 채워지는 '한계추출'로 구분할 수 있다.

커피 지도사 1급

사용한(할) 커피양,
사용한(할) 물의 양, TDS 등과
추출 수율과의 상관관계

1. 추출 수율과 그 계산법

추출 수율이란 커피 추출에 사용된 커피의 양에 대한 추출이 완료된 커피 용액 속에 녹아 있는 고형분(가용성분)의 양의 비율을 말한다.

$$추출수율 = \frac{녹아있는\ 커피\ 고형분의\ 양(g)}{사용한\ 커피의\ 양(g)} = \frac{TDS값 \times 추출된\ 커피\ 용액의\ 양(g)}{사용한\ 커피의\ 양(g)}$$

$$추출수율(\%) = \frac{녹아있는\ 커피\ 고형분의\ 양(g)}{사용한\ 커피의\ 양(g)} \times 100$$

$$추출수율(ppm) = \frac{녹아있는\ 커피\ 고형분의\ 양(g)}{사용한\ 커피의\ 양(g)} \times 1,000,000$$

기호를 %로 나타내느냐 ppm으로 나타내느냐에 따라 변환상수 값을 곱한다.

2. 사용한(할) 커피의 양과 추출 수율의 상관관계

1) 추출에 사용될 용매(물)의 양이 불포화[22]용액을 만족시킬 만큼 충분하고 추출에 사용되는 커피의 양을 변수로 둔 경우

추출에 사용될 용매(물)의 양이 불포화용액을 만족시킬 만큼 충분하다면 사용한 커피의 양과 TDS값은 아래 그래프와 같이 양의 상관관계를 보인다. 그러나 추출 수율은 완성된 커피 용액 속의 커피 고형 성분의 양

(고형성분의 양$[g] = \dfrac{TDS[\%] \times 추출된\ 커피\ 용액의\ 양[g]}{100}$) 과 관계가 있으므로 단순히 TDS값으로 단정 지어 말할 수 없다.

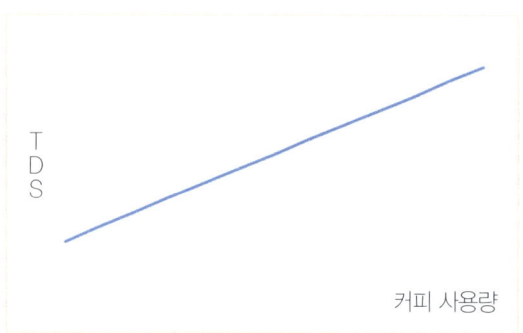

위의 그래프는 커피 추출 용매인 물의 양이 변화가 없고 투입된 커피의 양만 증가시켰으므로 추출된 커피 용액이 소량이라도 감소하는 결과를 보여주므로 고형분과 추출 수율에 영향을 미치게 된다. 예를 들어, 추출에 사용한 물의 양이 1,000g이라면 커피가루 사용량이 10g일 때 TDS값이 0.16, 20g일 때 TDS값이 0.31, 30g일 때 TDS값이 0.46, 100g일 때 TDS값이 1.5가 나온다면 각각의 추출된 커피의 양은 약 980g, 960g, 960g, 800g

---

22) 불포화(不飽和, Undersaturation)용액 : 용액 내의 용질(녹는 물질)의 농도가 포화농도보다 낮은 상태로 더 녹을 수 있는 상태를 말한다. 불포화는 용액에 녹아있는 용존 물질의 농도가 용액이 위치하는 환경 조건에서 단위부피의 용매에 녹을 수 있는 용질의 최대치인 용해도보다 낮은 상태를 말한다. 자연계에 존재하는 대부분의 용액은 불포화 상태이다.

이 되고, 그때 각각의 고형분의 양(추출 수율)은 1.568g(15.68%), 2.976g(14.88%), 4.324g(14.41%), 12g(12%)이 된다.

또 추출에 사용한 물의 양 1,000g과 커피가루의 사용량은 같으나 TDS값이 조금씩 더 증가한 것처럼 보이는 경우 커피가루 사용량이 10g일 때 TDS값이 0.16, 20g일 때 TDS값이 0.324, 30g일 때 TDS값이 0.492, 100g일 때 TDS값이 1.7이 나온다면 각각의 추출된 커피의 양은 약 980g, 960g, 940g, 800g이 되고, 각각의 고형분의 양(추출 수율)은 각각 1.568g(15.68%), 3.11g(15.55%), 4.624g(15.4%), 14.24g(14.24%)로, TDS값과 커피 용액 속의 고형분의 양은 커피가루의 사용량이 증가할수록 양의 상관관계로 증가하는 듯 보이나 추출 수율은 오차 범위(0.1~5%)내에서 감소하거나 변화가 없다고 볼 수 있다.

2) 추출에 사용될 용매(물)의 양이 불포화용액을 만족시킬 만큼 충분하지 않고 추출의 사용하는 커피의 양을 증가시켜 포화[23] 상태를 지나 과포화[24] 상태까지 도달하는 경우

추출에 사용될 용매(물)의 양이 불포화용액을 만족시킬 만큼 충분하지 않아서 포화 상태를 지나 과포화 상태까지 커피 사용량을 증가시키면서 추출을 진행한 경우 포화 상태에 도달할 때까지는 사용한 커피의 양과 TDS값은 양의 상관관계를 보이나 과포화가 진행되면서 그 곡선은 아래 그래프와 같이 거의 변화가 없거나 음의 상관관계를 보인다. 이렇게 그래프가 꺾이어 진행되는 시점을 '한계추출' 시점이라고 칭하기도 한다.

23) 포화(飽和, Saturation) : 용액이 순수한 용질과 평형으로 존재하여 용액의 농도가 더 이상 증가하지 않는 상태이다. 따라서 용질이 용매에 더 이상 다른 상으로 용해되지 않는 최고 농도인 상태를 말한다. 불포화 < 포화 < 과포화

24) 과포화(過飽和, Supersaturation) : 용질이나 수증기가 용액이나 공기 중에서 특정한 온도에서 녹을 수 있는 최대한의 농도 보다 더 녹아 있는 것을 말한다. 특정한 온도에서 증기압이 그 온도에서 가질 수 있는 포화증기압보다 더 커진 상태인 것을 의미한다. 일정한 온도와 압력에서 용액은 용질을 용해할 수 있는 양이 정해져 있는데 이보다 용질이 더 많은 경우로 불안정하기 때문에 포화용액으로 가려는 성질을 가진다. 온도를 올리거나 용매(물)를 늘려서 포화용액으로 만들 수 있다.

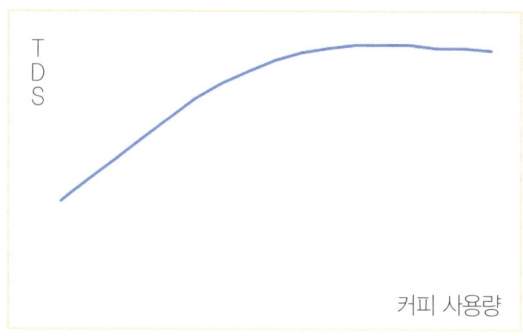

포화 상태가 될 때까지는 TDS값이 증가하다가 과포화 상태가 되면 TDS값에 변화가 없거나 오히려 줄어드는 경우도 있다.

예를 들어 추출에 사용한 물의 양이 200g이라면 커피가루 사용량이 10g일 때 TDS값이 0.93, 20g일 때 TDS값이 1.34, 30g일 때 TDS값이 1.74, 40g일 때 TDS값이 1.96, 50g일 때 TDS값이 2.1이 나온다면 각각의 추출된 커피의 양은 약 180g, 160g, 140g, 120g, 100g이 되고, 그때 각각의 고형분의 양(추출 수율)은 1.674g(16.74%), 2.144g(10.72%), 2.436g(8.12%), 2.352g(5.88%), 2.1g(4.2%)이 된다.

용매(물)의 양에 비해 많은 양의 커피를 투입하여 추출한 경우는 위 그래프처럼 TDS값이 증가한 경우에도 추출 수율은 줄어들고 있음을 볼 수 있다.

3) 사용한(할) 물의 양과 추출 수율의 상관관계

추출에 사용한 커피의 양은 일정하고 용매(물)의 양을 변수로 둔 경우, 사용한 물의 양과 TDS값은 양의 아래 그래프와 같이 음의 상관관계를 보인다. 그러나 추출 수율은 완성된 커피 용액 속의 커피 고형 성분의 양

$$(\text{고형성분의 양}[g] = \frac{TDS[\%] \times \text{추출된 커피 용액의 양}[g]}{100}) \text{과 관계가 있으므로}$$

단순히 TDS값으로 단정 지어 말할 수 없다.

커피 지도사 1급

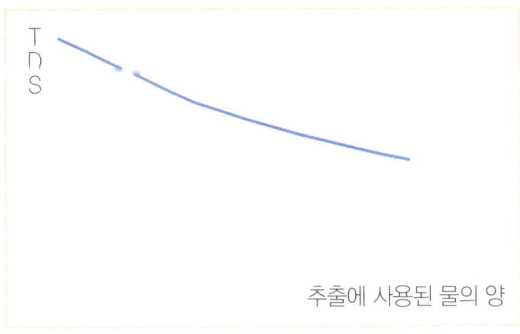

추출에 사용된 물의 양

위의 그래프는 추출에 사용한 커피의 양을 고정하고 용매인 물의 양만 증가시켰으므로 추출된 커피 용액의 양이 증가하므로 TDS값의 감소가 고형성분(추출 수율)의 감소라고 할 수 없다.

예를 들어 추출에 사용한 커피의 양은 20g이고 용매인 물의 양이 각각 120g, 200g, 280g이라면 그때 TDS값이 2.28, 1.56, 1.17, 각각의 추출된 커피의 양은 약 80g, 160g, 240g이 되고, 그때 각각의 고형분의 양(추출 수율)은 2.736g(13.68%), 3.12g(15.6%), 3.276g(16.38%)이 된다.

오차 범위(0.1~5%) 내에서 추출에 사용하는 물의 양이 증가할수록 추출 수율이 증가했다고 볼 수 있다.

4) 추출 시간(물과 커피의 접촉 시간)과 추출 수율의 상관관계

추출 시간이 증가함에 따라 TDS값은 계속 증가하다가 용액의 농도가 일정(포화 상태 도달)해지면 더 이상 확산 현상이 생기지 않아서 TDS값의 변화는 일어나지 않고 이때 추출에 사용되는 커피의 양과 물의 양이 변수가 아니므로 TDS값과 추출 수율의 관계는 같은 양의 상관관계를 보이다 일정한 형태로 나타난다. 또, 이때 TDS값은 초반 30초 이내에 가장 많은 증가값을 보이고 그 다음 구간부터는 완만한 형태의 곡선 모양으로 증가한다.

추출 시간(물과 커피의 접촉 시간)

예를 들어 추출에 사용한 물의 양이 120g이라면 커피가루 사용량이 10g일 때 추출 시간이 증가함에 따라 TDS값이 0.81, 0.89, 0.98, 1.07이 나온다면 각각의 추출된 커피의 양은 모두 약 100g이 되고, 그때 각각의 고형분의 양(추출 수율)은 0.81g(8.1%), 0.89g(8.9%), 0.98g(9.8%), 1.07g(10.7%)이 된다.

포화 상태에 이를 때까지는 오차 범위(0.1~5%) 내에서 추출에 사용하는 물의 양이 증가할수록 추출 수율이 증가했다고 볼 수 있고, 포화 상태에 도달하면 추출 수율이 더 이상 증가하지 않는다.

5) 사용한(할) 물의 온도 추출 수율의 상관관계

물의 온도가 증가함에 따라 TDS값은 계속 증가한다. 이때 추출에 사용되는 커피의 양과 물의 양이 변수가 아니므로 TDS값과 추출 수율의 관계는 같은 양의 상관관계를 보이다 일정한 형태로 나타난다. 또, 이때 TDS값은 상온에서 +5℃ 증가했을 때보다 고온(85℃ 이상)에서 +5℃ 증가했을 때 TDS값의 변화 폭이 더 크다.

오차 범위(0.1~5%) 내에서 추출에 사용하는 물의 온도가 증가할수록 추출 수율이 증가 했다고 볼 수 있다.

커피 지도사 1급

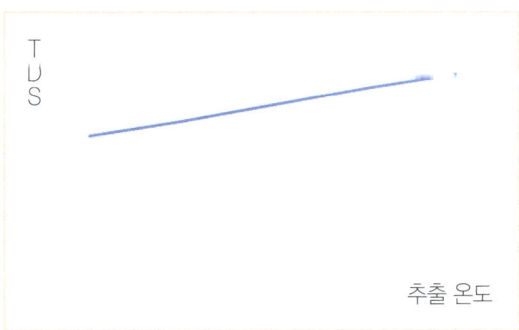

추출 온도

6) 분쇄도와 추출 수율의 상관관계

커피의 분쇄 정도가 거칠어짐(굵은 분쇄)에 따라 TDS값은 계속 감소한다. 이때 추출에 사용되는 커피의 양과 물의 양이 변수가 아니므로 TDS값과 추출 수율의 관계는 음의 상관관계를 보이다 일정한 형태로 나타난다.

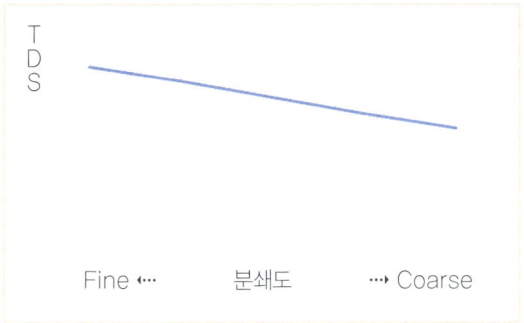

Fine ⋯ 분쇄도 ⋯➤ Coarse

오차 범위(0.1~5%) 내에서 추출에 사용하는 커피 분쇄 입자가 증가할수록 추출 수율이 감소했다고 볼 수 있다. 따라서 분쇄 정도가 고울수록 추출 수율은 증가한다.

7. 커피 추출 수율 계산법

우리는 TDS 1.1의 125ml 커피 한 잔을 만들기 위해 아래와 같은 공식으로 사용해야 할 커피의 양을 계산해 낼 수 있다.

$\dfrac{\text{커피 추출 수율} \times \text{사용한 커피양}}{\text{요구 } TDS \text{ 값}} = \text{커피 용액의 양}$	$\dfrac{6\% \times 22g}{1.1\ TDS} \fallingdotseq 125mL$
$\dfrac{\text{커피 추출 수율} \times \text{사용한 커피양}}{\text{커피 용액의 양}} = TDS \text{ 값}$	$\dfrac{6\% \times 22g}{125mL} \fallingdotseq 1.1\ TDS$
$\dfrac{\text{커피 용액의 양} \times \text{요구 } TDS \text{ 값}}{\text{커피 추출 수율}} = \text{사용할 커피의 양}$	$\dfrac{125mL \times 1.1\ TDS}{6\%} \fallingdotseq 22g$
$\dfrac{\text{커피 용액의 양} \times \text{요구 } TDS \text{ 값}}{\text{사용한 커피의 양}} = \text{커피 추출 수율}$	$\dfrac{125mL \times 1.1\ TDS}{22g} \fallingdotseq 6\%$

CBI 기준추출도 20%와 농도 1.25%에 따라 머그잔에 180ml의 커피 5잔을 만들기 위해 사용해야 할 커피의 양은?

· 1단계

900ml의 커피 용액에 녹아 있는 커피 가용(수용액에 포함된 커피)성분의 양 계산

$$900mL \times \frac{1.25}{100} = 11.25g$$

· 2단계

커피 가용성분 11.25g을 20%로 얻기 위한 커피가루의 양 계산

$$x \times \frac{20}{100} = 11.25g \quad ,$$

커피 지도사 1급

$$x = 11.25 \times 5 = 56.25g$$

• 한 번에 위의 표 공식으로

$$\frac{900 \times 1.25}{20} = 56.25g$$

CHAPTER 6

브루잉 이해 III

- 커피 추출의 심화 원리 실험(침지)
- 커피 추출의 심화 원리 실험(투과)
- 커피 추출의 심화 원리 실험(커피 상태별)

목표

• 다양한 커피 추출 원리를 실험을 통하여 숙지하고 익힌다.
• 실험 결과를 이해하고 정리해 본다.
• 커피 추출의 심화 원리 실험

커피 추출의 심화 원리 실험
– 침지

1. 침지 방식에서 추출력 차이에 관한 실험
(이하 '침지 실험'으로 칭함)

1) 실험 목표

중볶음 커피를 사용하여 분쇄도별 추출 액량과 침지 시간을 달리하였을 때 나타나는 추출력의 차이를 알고자 한다.

2) 실험 내용

(1) 침지 실험 A

굵은 분쇄(1.0mm 이상) 커피를 사용한 실험에서 추출 액량과 침지 시간에 따른 추출력 차이

■ 일러두기 Chapter 6. 브루잉의 이해Ⅲ은 이정기 전 한국커피협회 회장이 정리한 내용에서 발췌되었습니다.

(2) 침지 실험 B

고운 분쇄(0.5~0.7mm) 커피를 사용한 실험에서 추출 액량과 침지 시간에 따른 추출력 차이

(3) 침지 실험 A와 침지 실험 B의 상관관계 해석

3) 기타 실험 제시

중볶음 커피를 사용하여 분쇄도별 추출 온도와 침지 시간을 달리하였을 때 나타나는 추출력의 차이를 알아보고자 한다.

(1) 침지 실험 C

굵은 분쇄(1.0mm 이상) 커피를 사용한 실험에서 추출 온도와 침지 시간에 따른 추출력 차이

(2) 침지 실험 D

고운 분쇄(0.5~0.7mm) 커피를 사용한 실험에서 추출 온도와 침지 시간에 따른 추출력 차이

(3) 침지 실험 C와 침지 실험 D의 상관관계 해석

기타 실험은 각자 테스트하여 그 결과를 직접 기재하고 해석해 보자.

4) 실험 주의사항

(1) 준비한 원두의 상태에 따라 실험 결과는 매번 달라질 수 있다. 매 실험을 할 때는 준비한 원두의 상태, 즉 볶음도(Agtron number)와 볶음 시간을 기재해야 한다. 실험 결과에

대한 해석도 원두의 상태에 준하여 살펴보아야 한다.

(2) 준비한 분쇄 커피의 굵기나 추출 온도는 실험 상황에 따라 조금씩 차이 날 수 있다. 그 상황에 준하여 결과를 살펴보아야 한다. 따라서 본 실험 결과에 대한 데이터는 5번의 실험을 거쳐 그 결과를 평균 낸 값이다.

(3) 추출력과 향미의 선호도와는 상관관계가 없다. 단, 본인의 선호도에 맞는 TDS값과 추출 수율을 기억하고 그때의 커피 추출 방법과 상태를 인지해 놓는 것이 좋다. 이는 다음 실험에 활용하여 적용할 수 있기 때문이다.

(4) 침지 실험은 프렌치프레스 도구를 활용하는 것이 더 정확한 결과를 얻을 수 있다.

5) 실험 실전

(1) 침지 실험 A
굵은 분쇄(1.0mm 이상) 커피를 사용한 침지 실험에서 추출 액량과 침지 시간에 따른 추출력의 차이

🫘 준비물

클레버드리퍼 5개, 서버 6개, 커피포트, 교반스틱, 저울(최소 눈금 0.1g), 온도계, 스톱워치, 얼음물, 종이필터, 분쇄된 커피, TDS기기

실험 도구

커피 원두		물과 만나는 상태	
볶음도	중볶음(Agtron #60)	**사용 온도**	끓은 직후
볶음 시간	8분	**사용 물양**	70g / 120g
분쇄 정도	굵은 분쇄(1.0mm 이상)	**침지 시간**	30초 / 1분 / 2분 / 3분 / 4분
사용 커피양	10g		

실험 방법

① 필터지를 장착한 클레버드리퍼 5개에 분쇄된 커피 10g씩을 준비해 두고, 그 뒤에 빈 서버를 놓아둔다.

② 서버에 끓는 물을 가득 부어 예열한 후 서버를 비운다. 그 서버를 저울 위에 올려놓고 0점을 맞춘다.

③ 서버에 끓는 물을 70(또는 120)g을 계량한다.

④ 스톱워치를 누른 후 4분짜리 클레버드리퍼에 ③을 폴오버하고(④-1) 5회 교반을 한다(④-2).

⑤ ③에서 사용한 따뜻한 서버를 다시 저울 위에 올려놓고 0점을 맞춘 후 같은 양의 끓는 물을 계량한다. ④의 스톱워치가 30초를 가리킬 때 3분짜리 클레버드리퍼에 폴오버하고 교반한다.

⑥ ⑤에 사용한 서버를 다시 저울 위에 올려놓고 0점을 맞춘 후 서버에 같은 양의 끓는 물을 계량한다. ④의 스톱워치가 1분을 가리킬 때 2분짜리 클레버드리퍼에 폴오버하고 교반한다.

⑦ ⑥에 사용한 서버를 다시 저울 위에 올려놓고 0점을 맞춘 후 서버에 같은 양의 끓는 물을 계량한다. ④의 스톱워치가 1분 30초을 가리킬 때 1분짜리 클레버드리퍼에 폴오버하고 교반한다.

⑧ ⑦에 사용한 서버를 다시 저울 위에 올려놓고 0점을 맞춘 후 서버에 같은 양의 끓는 물을 계량한다. ④의 스톱워치가 2분을 가리킬 때 30초짜리 클레버드리퍼

에 폴오버하고 교반한다.

⑨ ④의 스톱워치가 2분 30초를 가리킬 때 30초와 1분짜리 큭레버드리퍼를 동시에 뒤편에 놓아둔 서버에 올린다.(침지 시간 30초와 1분)

⑩ ④의 스톱워치가 3분을 가리킬 때 2분짜리 클레버드리퍼를 뒤편에 놓아둔 서버에 올린다.(침지 시간 2분)

⑪ ④의 스톱워치가 3분 30초를 가리킬 때 3분짜리 클레버드리퍼를 뒤에 놓아둔 서버에 올린다.(침지 시간 3분)

⑫ ④의 스톱워치가 4분을 가리킬 때 4분짜리 클레버드리퍼를 뒤에 놓아둔 서버에 올린다.(침지 시간 4분)

위에서 추출된 커피 용액을 작은 종이컵으로 25℃가 되게 식힌 후 TDS값을 측정한다.

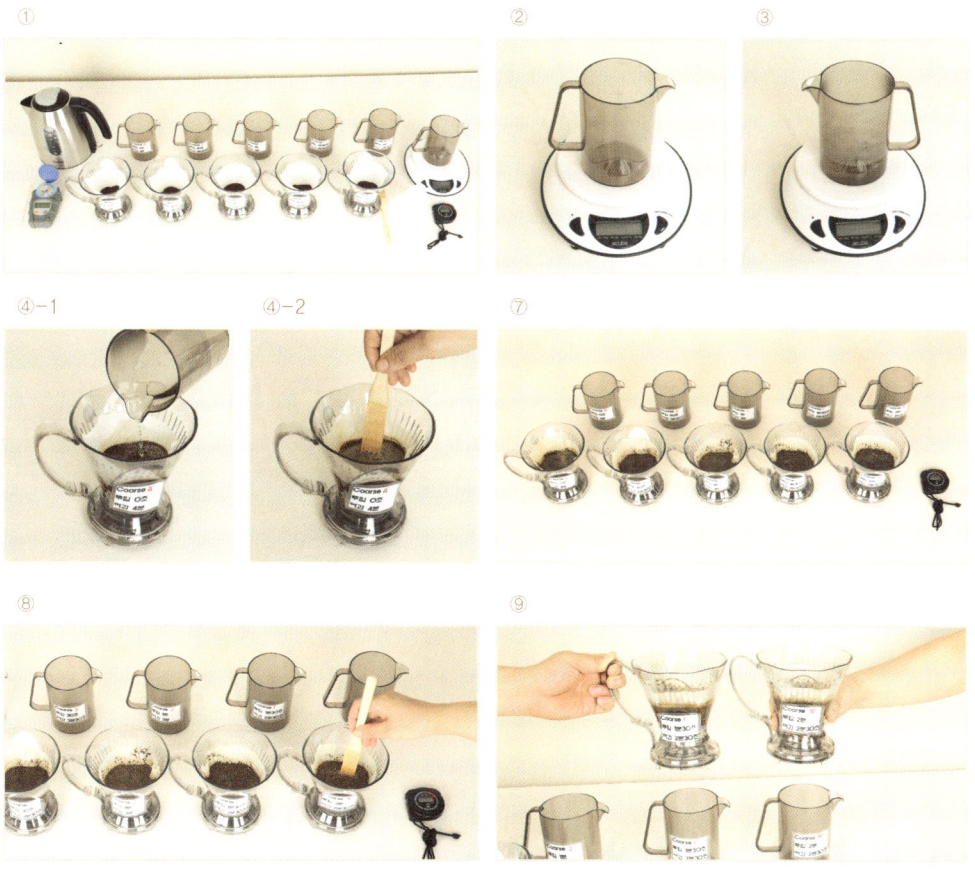

⑫

🫘 실험 결과 데이터

결과 커피	침지 시간(분)	TDS(Total Dissolved Solids)	추출 용액의 고형성분 함량 (g)*	추출 수율**(%)	향미
분쇄도 : Coarse 추출된 용액량 : 50g(사용한 물의 양 70g)[1]	30초	1.034	0.517	5.17	
	1분	1.078	0.539	5.39	
	2분	1.154	0.577	5.77	
	3분	1.283	0.6415	6.415	
	4분	1.396	0.698	6.98	
분쇄도 : Coarse 추출된 용액량 : 100g(사용한 물의 양 120g)	30초	0.757	0.757	7.57	
	1분	0.815	0.815	8.15	
	2분	0.887	0.887	8.87	
	3분	0.98	0.98	9.8	
	4분	1.056	1.056	10.56	

*고형분 함량(g=TDS*추출 액량/100)

**추출 수율(%=고형분*100/커피 사용량)

25) 클레버드리퍼를 사용한 침지 실험은 필터 아래 바깥 공간 때문에 고이고 버려지는 양이 생긴다. 사용하는 물양이 적을수록 데이터 편차가 생길 수 있으므로 프렌치프레스를 사용하는 것이 더 정확한 결과를 얻을 수 있다.

🫘 침지 실험 A 결과 해석

① 굵은 분쇄 커피를 사용한 침지 실험에서 침지 시간과 추출 액량에 따른 TDS
　값의 차이

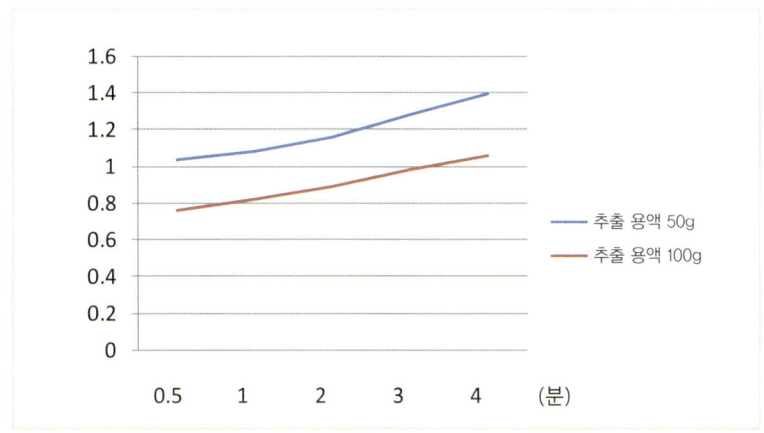

■ 굵은 분쇄(1.0mm 이상) 커피를 사용한 실험에서 추출 액량과 침지 시간에 따른 TDS값의 차이

굵은 분쇄한 중볶음 커피 10g을 끓는 물 70g과 120g을 사용하여 추출한 결과, 침지 시
간이 길어질수록 TDS값이 늘어남을 알 수 있다. 추출 액량이 많은 것(100g)은 시간이 지
남에 따라 경사도는 일정하게 나타나는 것을 알 수 있지만 적은 추출 액량(50g)은 3분까
지 큰 변화를 보이지 않다가 3~4분 사이에서 추출이 많이 일어남을 볼 수 있다.

(2) 침지 실험 B

　고운 분쇄(0.5~0.7mm) 커피를 사용한 실험에서 추출 용액과 침지 시간에 따른 추출력
　차이

🫘 준비물

클레버드리퍼 5개, 서버 6개, 커피포트, 교반스틱, 저울(최소 눈금 0.1g), 온도계,
스톱워치, 얼음물, 종이필터, 분쇄된 커피, TDS기기

🫘 실험 도구

	커피 원두		물과 만나는 상태
볶음도	중볶음(Agtron #60)	**사용 온도**	끓은 직후
볶음 시간	8분	**사용 물양**	70g / 120g
분쇄 정도	고운 분쇄(0.5~0.7mm)	**침지 시간**	30초 / 1분 / 2분 / 3분 / 4분
사용 커피양	10g		

🫘 실험 방법 (실험 A 참조)

① 필터지를 장착한 클레버드리퍼 5개에 분쇄된 커피 10g씩을 준비해 두고, 그 뒤에 빈 서버를 놓아둔다.

② 서버에 끓는 물을 가득 부어 예열한 후 서버를 비운다. 그 서버를 저울 위에 올려놓고 0점을 맞춘다.

③ 서버에 끓는 물을 70(또는 120)g을 계량한다.

④ 스톱워치를 누른 후 4분짜리 클레버드리퍼에 ③을 폴오버하고(④-1) 5회 교반을 한다(④-2).

⑤ ③에서 사용한 따뜻한 서버를 다시 저울 위에 올려놓고 0점을 맞춘 후 같은 양의 끓는 물을 계량한다. ④의 스톱워치가 30초를 가리킬 때 3분짜리 클레버드리퍼에 폴오버하고 교반한다.

⑥ ⑤에 사용한 서버를 다시 저울 위에 올려놓고 0점을 맞춘 후 서버에 같은 양의 끓는 물을 계량한다. ④의 스톱워치가 1분을 가리킬 때 2분짜리 클레버드리퍼에 폴오버하고 교반한다.

⑦ ⑥에 사용한 서버를 다시 저울 위에 올려놓고 0점을 맞춘 후 서버에 같은 양의 끓는 물을 계량한다. ④의 스톱워치가 1분 30초을 가리킬 때 1분짜리 클레버드리퍼에 폴오버하고 교반한다.

⑧ ⑦에 사용한 서버를 다시 저울 위에 올려놓고 0점을 맞춘 후 서버에 같은 양의 끓는 물을 계량한다. ④의 스톱워치가 2분을 가리킬 때 30초짜리 클레버드리퍼

에 폴오버하고 교반한다.

⑨ ④의 스톱워치가 2분 30초를 가리킬 때 30초와 1분짜리 클레버드리퍼를 동시에 뒤편에 놓아둔 서버에 올린다.(침지 시간 30초와 1분)

⑩ ④의 스톱워치가 3분을 가리킬 때 2분짜리 클레버드리퍼를 뒤편에 놓아둔 서버에 올린다.(침지 시간 2분)

⑪ ④의 스톱워치가 3분 30초를 가리킬 때 3분짜리 클레버드리퍼를 뒤에 놓아둔 서버에 올린다.(침지 시간 3분)

⑫ ④의 스톱워치가 4분을 가리킬 때 4분짜리 클레버드리퍼를 뒤에 놓아둔 서버에 올린다.(침지 시간 4분)

위에서 추출된 커피 용액을 작은 종이컵으로 25℃가 되게 식힌 후 TDS값을 측정한다.

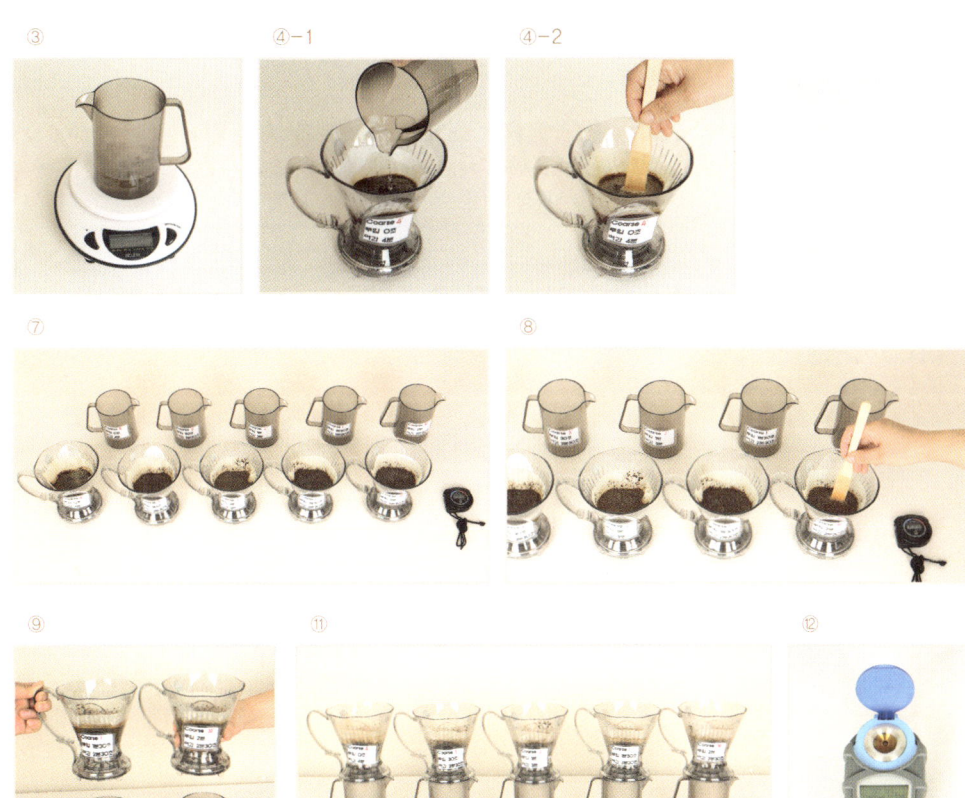

🫘 실험 결과 데이터

결과 커피	침지 시간(분)	TDS(Total Dissolved Solids)	추출 용액의 고형성분 함량(g)*	추출 수율**(%)	향미
분쇄도 : Fine 추출된 용액량 : 50g(사용한 물의 양 70g)	30초	1.953	0.9765	9.765	
	1분	1.987	0.9935	9.935[2]	
	2분	2.038	1.019	10.19	
	3분	2.096	1.048	10.48[3]	
	4분	2.149	1.0745	10.745	
분쇄도 : Fine 추출된 용액량 : 100g(사용한 물의 양 120g)	30초	1.346	1.346	13.46	
	1분	1.372	1.372	13.72	
	2분	1.443	1.443	14.43	
	3분	1.494	1.494	14.94	
	4분	1.552	1.552	15.52	

🫘 침지 실험 B 결과 해석

① 곱게 분쇄한 커피에 물양 70g과 120g을 사용했을 때 침지 시간에 따른 TDS 값의 차이

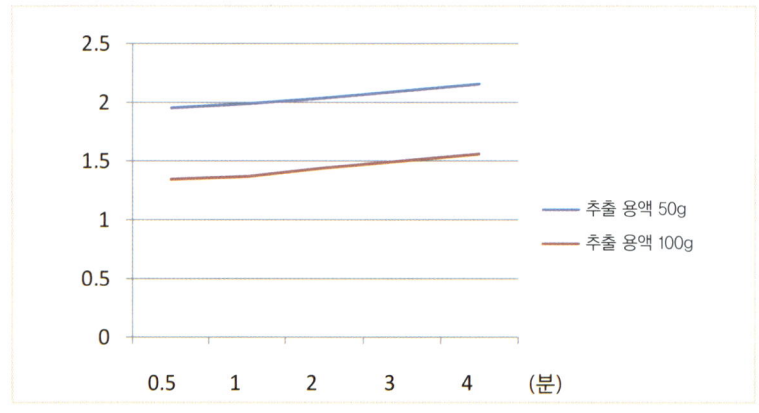

- 고운 분쇄(0.5~0.7mm) 커피에서 추출 용액과 침지 시간과의 TDS값의 차이

26), 3) 추출 수율이 비정상임. 클레버드리퍼를 이용하여 너무 적은 물양과 커피양을 사용하면 고른 추출이 안 된다. 클레버드리퍼의 구조상 필터 아래 바깥 공간이 있기 때문에 추출 액량의 편차가 생길 수 있다. 침지 시간이 길어지면 더 심해진다.

커피 지도사 1급

곱게 분쇄한 중볶음 커피 10g을 끓는 물 70g이나 120g을 사용하여 추출한 결과, 침지 시간이 늘어나도 TDS값이 크게 변화하지 않음을 알 수 있다. 추출 애량이 적은 것은 일정하게 추출되다가 오히려 추출력이 저하하고 있음을 알 수 있었다. 추출 액량이 많은 것은 시간이 갈수록 서서히 추출이 늘어나는 것을 알 수 있다. 따라서 고운 분쇄는 처음에 물과 만나는 시점에서 추출이 거의 일어나는 것을 짐작할 수 있다.

(3) 침지 실험 A와 침지 실험 B의 상관관계 해석[28]

① 고운 분쇄에서 추출 액량이 다른 경우, 침지 시간에 따른 추출 수율의 차이

추출 수율(%), 끓는 물 사용	0.5min	1min	2min	3min	4min	5min	6min	7min	8min	9min	10min
Fine 분쇄 추출 용액 50g	9.765	9.935	10.19	10.48	10.745	11.09	11.245	11.47	11.565	11.675	11.68
Fine 분쇄 추출 용액 100g	13.46	13.72	14.43	14.94	15.52	16.23	16.45	16.58	16.63	16.65	16.67

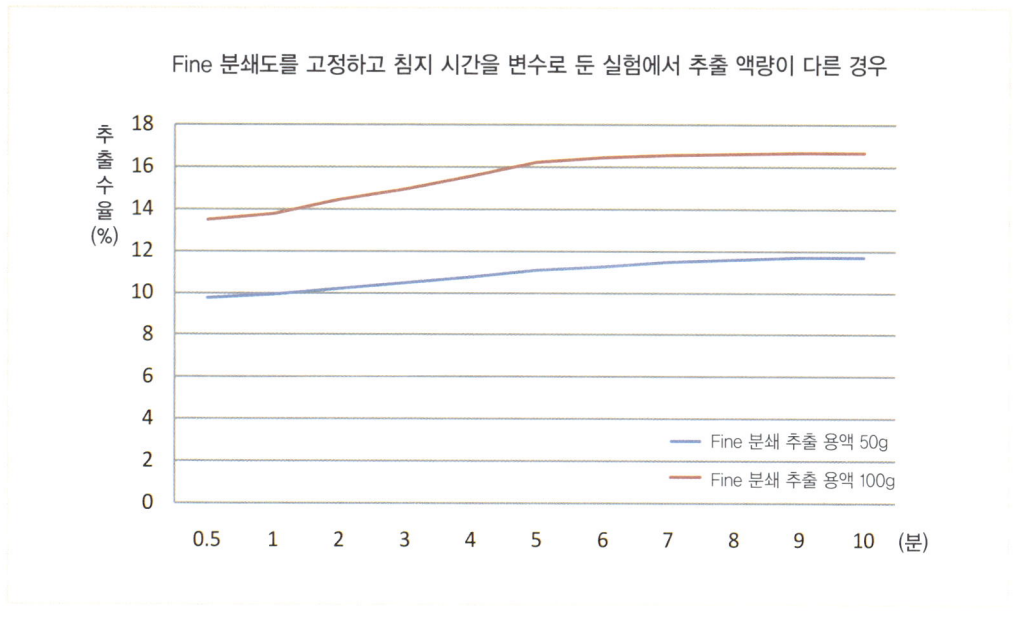

28) 자세한 결과를 도출하기 위하여 10분까지 실험한 결과를 토대로 해석함.

고운 분쇄에서 추출 액량이 다른 경우, 침지 시간별 추출 수율의 차이를 살펴보았다.

추출 용액이 100g인 것이 50g에 비해 추출력이 더 강하게 나타났다. 약 0.5% 정도 차이를 지속적으로 보여준다. 좀 더 자세히 추출 현상를 살펴보면, 추출 용액이 적을수록 추출의 진행은 낮은 경사도로 점차적으로 늘어나는 것을 볼 수 있고 추출 용액이 많을수록 5분 이전에는 경사도가 좀 더 높은 것으로 보아 추출이 강하게 진행되다가 그 이후에는 거의 진행되지 않음을 알 수 있다.

따라서 고운 분쇄 커피에 물양을 많이 사용할수록 추출력이 초반에 강하게 일어났다가 어느 정도 시간이 경과하면 더 이상 일어나지 않음을 알 수 있었다. 하지만 물양이 적으면 고운 분쇄에서는 추출이 느리게 진행되고 있으므로 사용하는 커피의 상태와 추출 용액량에 대한 추출력의 상관관계를 잘 고려하여 추출을 시작하고 끝냄을 계획해야 할 것이다.

② 굵은 분쇄에서 추출 액량이 다른 경우, 침지 시간에 따른 추출 수율의 차이

추출 수율(%), 끓는 물 사용	0.5min	1min	2min	3min	4min	5min	6min	7min	8min	9min	10min
Coarse 분쇄 추출 용액 50g	5.17	5.39	5.77	6.415	6.98	7.495	7.69	7.865	7.995	8.105	8.135
Coarse 분쇄 추출 용액 100g	7.57	8.15	8.87	9.8	10.56	10.82	10.98	11.09	11.21	11.32	11.33

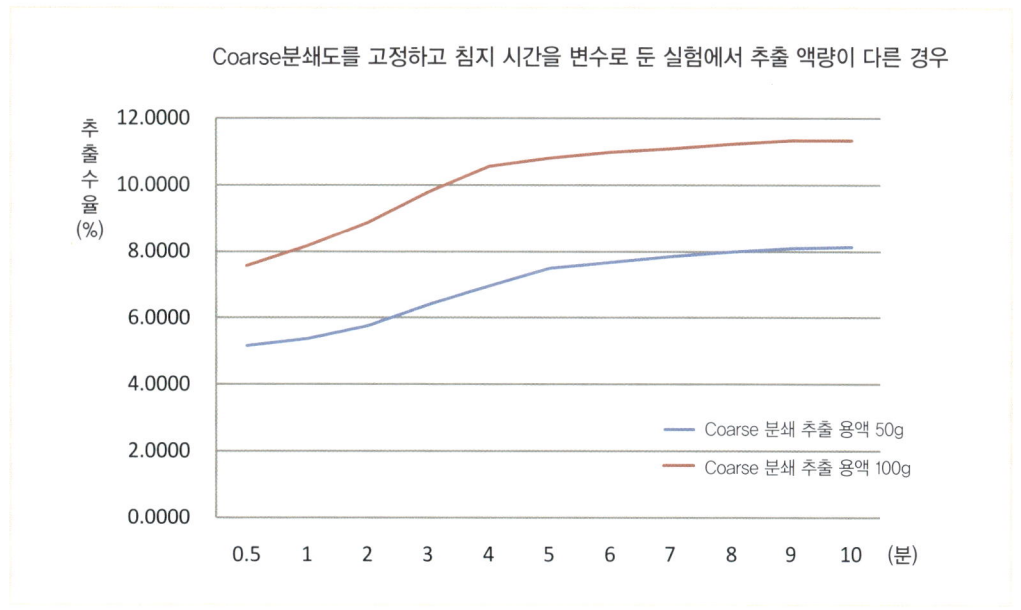

굵은 분쇄에서 추출 액량이 다른 경우, 침지 시간에 따른 추출 수율의 차이를 살펴보았다. 굵은 분쇄에서도 역시 추출 용액이 100g인 것이 50g에 비해 추출력이 더 강하게 나타났다. 추출 수율의 차이는 시간이 경과하더라도 일정하게 증가하고 있다.

또한 추출 현황을 살펴보면, 굵은 분쇄에서는 초반에 추출이 강하게 진행되다가 어느 정도의 시간이 경과하면 추출이 아주 약하게 진행됨을 알 수 있다. 추출 용액이 100g인 것은 4분까지 추출이 강하게 일어났다가 그 이후에는 추출이 거의 일어나지 않고 있고, 추출 용액 50g인 것은 5분까지 추출이 강하게 진행되다가 그 이후에는 거의 진행되지 않음을 알 수 있다.

따라서 굵은 분쇄의 커피의 추출력은 사용 물양과 상관없이 추출력이 초반에 강하게 일어났다가 어느 시점에서 더 이상 진행이 되지 않음을 알 수 있다. 추출의 끝나는 시점은 커피의 상태(볶음도와 볶음 시간)에 영향을 받을 것이다. 그러므로 사용하는 커피의 상태와 사용하는 추출 용액량과의 상관관계를 잘 고려하여 추출을 시작하고 끝냄을 계획해야 할 것이다.

③ 추출 액량이 같은 경우(50g), 분쇄도와 침지 시간에 따른 추출 수율의 차이

추출 수율(%), 끓는 물 사용	0.5min	1min	2min	3min	4min	5min	6min	7min	8min	9min	10min
Fine 분쇄 추출 용액 50g	9.765	9.935	10.19	10.48	10.745	11.09	11.245	11.47	11.565	11.675	11.68
Coarse 분쇄 추출 용액 50g	5.17	5.39	5.77	6.415	6.98	7.495	7.69	7.865	7.995	8.105	8.135

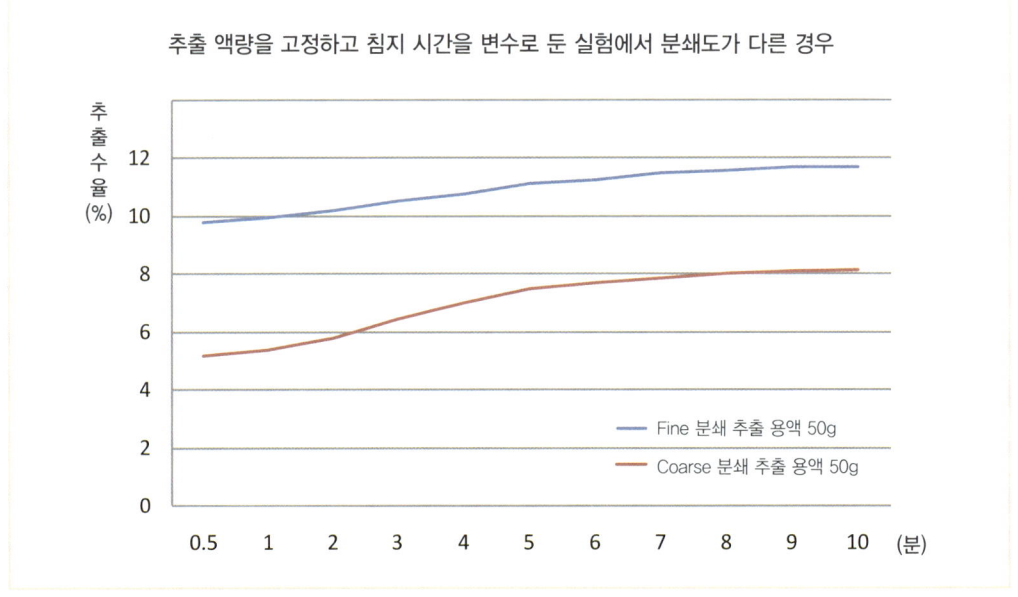

추출 액량을 고정하고 침지 시간을 변수로 둔 실험에서 분쇄도가 다른 경우

추출 액량(50g)이 같은 경우, 분쇄도와 침지 시간에 따른 추출 수율의 차이를 살펴보았다. 고운 분쇄 커피가 굵은 분쇄 커피보다 더 많은 추출 수율을 나타내고 있다. 초반에는 약 0.5% 이상의 차이를 보이다가 5분을 경과하면 약 0.4% 이하의 차이를 보아 그 간격이 차츰 줄어들고 있음을 알 수 있다.

또한 분쇄도별 추출 수율의 상태를 살펴보면, 고운 분쇄 커피는 초반부터 꾸준히 추출 수율이 상승하고 있으나 굵은 분쇄 커피는 초반에는 약 0.5% 정도의 낮은 추출 수율에서 5분까지는 강하게 추출을 진행하다가 5분 이후로는 추출 수율이 거의 상승하지 않음을 볼 수 있다.

따라서 분쇄도의 차이에는 상관없이 추출 용액량이 적어지면 추출은 꾸준히 지속적으로 진행되고 있음을 알 수 있었다. 다시 말해, 물양이 적을수록 커피 성분의 확산 속도는 느려지고 꾸준히 서서히 일어나고 있음을 예상할 수 있다.

④ 추출 액량이 같은 경우(100g), 분쇄도와 침지 시간에 따른 추출 수율의 차이

추출 수율(%), 끓는 물 사용	0.5min	1min	2min	3min	4min	5min	6min	7min	8min	9min	10min
Fine 분쇄 추출 용액 100g	13.46	13.72	14.43	14.94	15.52	16.23	16.45	16.58	16.63	16.65	16.67
Coarse 분쇄 추출 용액 100g	7.57	8.15	8.87	9.8	10.56	10.82	10.98	11.09	11.21	11.32	11.33

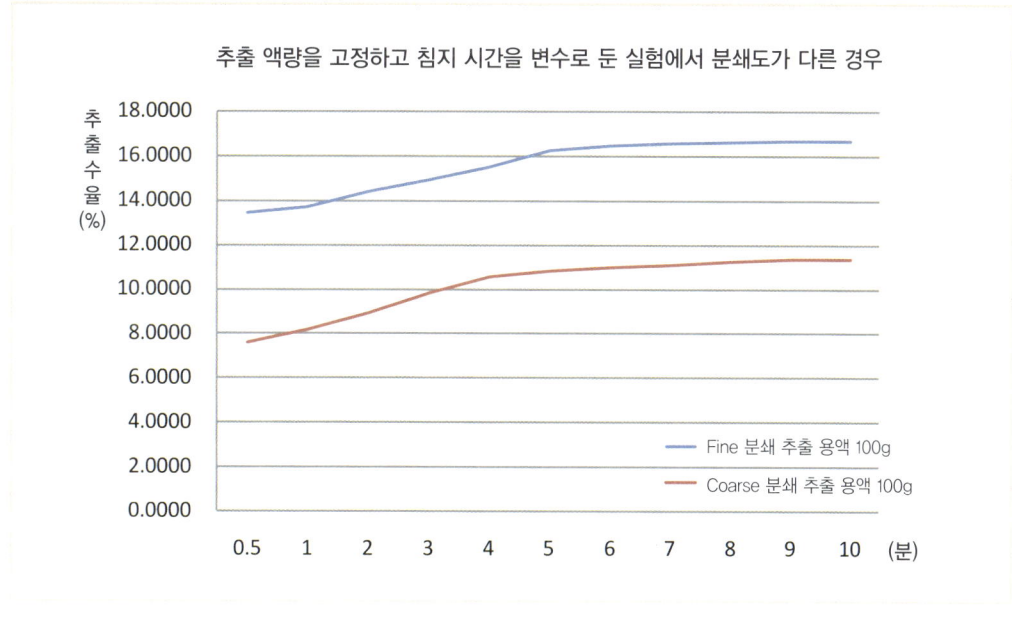

추출 액량을 고정하고 침지 시간을 변수로 둔 실험에서 분쇄도가 다른 경우

추출 액량(100g)이 같은 경우, 분쇄도와 침지 시간에 따른 추출 수율의 차이를 살펴보았다. 적은 추출 액량(50g)과 마찬가지로 고운 분쇄 커피가 굵은 분쇄 커피보다 더 많은 추출 수율을 나타내고 있다. 분쇄도별 추출 수율의 간격은 일정하게 나타났다.

또한 분쇄도별 추출 수율의 상태를 살펴보면, 고운 분쇄 커피는 5분 이전까지는 꾸준히 추출 수율이 상승하고 있으나 5분 이후로는 추출 수율이 고정되어 늘어나지 않고 있다. 굵은 분쇄 커피도 고운 분쇄 커피와 비슷한 상태를 보이지만 4분을 기점으로 그 변화를 나타내고 있다.

따라서 분쇄도의 차이에는 상관없이 추출 액량이 많아지면 초반에 추출이 강하게 진행되다가 어느 시점에서 추출이 더 이상 일어나지 않음을 볼 수 있다. 다시 말해, 물양이 많을수록 커피 성분의 확산 속도는 빨라지고 어느 시점에서는 더 이상 확산되지 않음을 예상할 수 있다.

⑤ 분쇄도별 추출 용액과 침지 시간에 따른 TDS값의 차이

TDS(%), 끓는 물 사용	0.5min	1min	2min	3min	4min	5min	6min	7min	8min	9min	10min
Fine 분쇄 추출 용액50g	1.953	1.987	2.038	2.096	2.149	2.218	2.249	2.294	2.313	2.335	2.336
Fine 분쇄 추출 용액100g	1.346	1.372	1.443	1.494	1.552	1.623	1.645	1.658	1.663	1.665	1.667
Coarse 분쇄 추출 용액50g	1.034	1.078	1.154	1.283	1.396	1.499	1.538	1.573	1.599	1.621	1.627
Coarse 분쇄 추출 용액100g	0.757	0.815	0.887	0.98	1.056	1.082	1.098	1.109	1.121	1.132	1.133

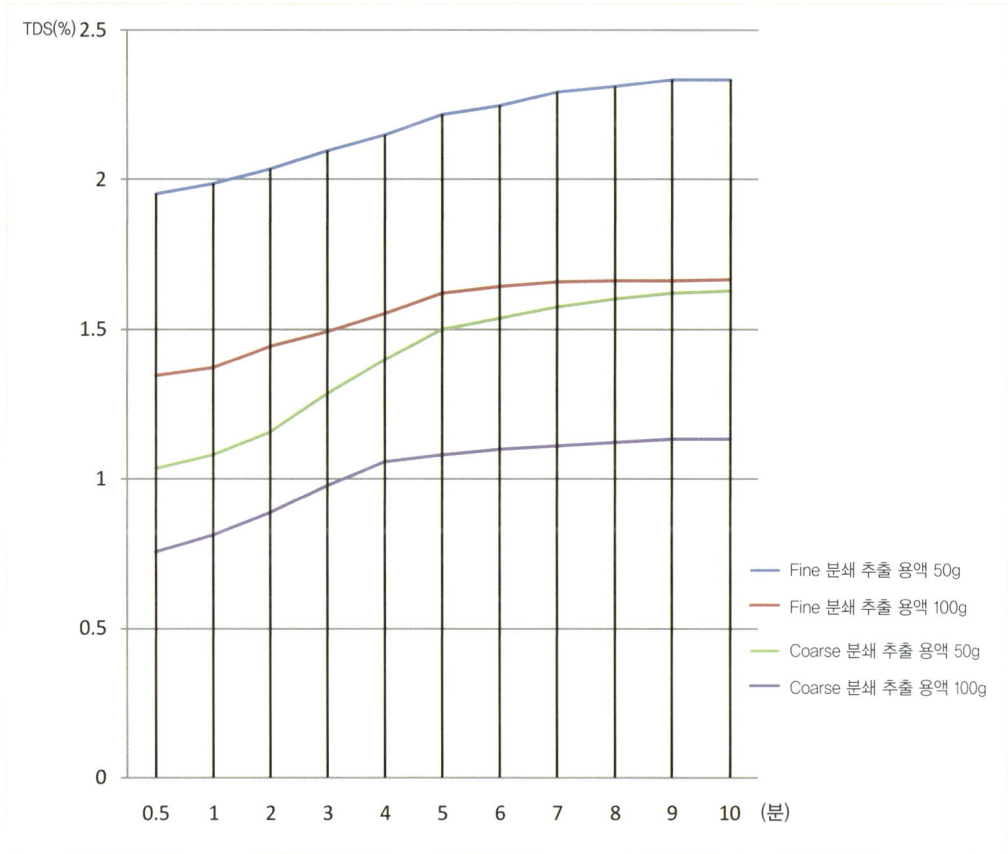

분쇄도별 추출 액량과 침지 시간에 따른 TDS값의 차이를 살펴보았다. 추출 액량의 차이에 상관없이 모두 침지 시간이 지남에 따라 추출은 계속 일어나고 있었다. 특히 고운 분쇄는 추출 액량의 차이에 따라 약 1% 정도의 농도 차이를 나타내고 있고 굵은 분쇄는 추출 액량의 차이에 따라 약 0.5% 정도의 농도 차이를 보이고 있었다. 고운 분쇄가 굵은 분쇄보다 추출 액량에 더 많은 영향을 받는 것을 알 수 있다.

또한 추출 액량이 많을수록 추출이 초반에 강하게 일어나고 어느 정도 시간이 지나면 추출력이 약해짐을 알 수 있다. 하지만 추출 액량이 적을수록 추출은 지속적으로 꾸준히 일어나고 있음을 볼 수 있다. 굵은 분쇄 커피의 추출 용액 100g은 4분 이후에는 추출이 거의 일어나지 않고 있고, 고운 분쇄 커피의 추출 용액 100g은 5분 이후에 추출이 거의 일어나지 않음을 알 수 있다. 하지만 고운 분쇄이든 굵은 분쇄이든 추출 액량 50g은 추출이 서서히 지속적으로 진행되고 있음을 알 수 있었다.

따라서 분쇄도의 차이에는 상관없이 추출 액량이 적어지면 커피 성분의 확산 속도는 천천히 일어나고 추출 액량이 많을수록 커피 성분의 확산 속도는 빨라지고 어느 시점에서는 더 이상 확산되지 않음을 예상할 수 있다.

⑥ 분쇄도별 추출 용액과 침지 시간에 따른 고형성분량의 차이

고형성분량(g), 끓는 물 사용	0.5min	1min	2min	3min	4min	5min	6min	7min	8min	9min	10min
Fine 분쇄 추출 용액50g	0.9765	0.9935	1.019	1.048	1.0745	1.109	1.1245	1.147	1.1565	1.1675	1.168
Fine 분쇄 추출 용액100g	1.346	1.372	1.443	1.494	1.552	1.623	1.645	1.658	1.663	1.665	1.667
Coarse 분쇄 추출 용액50g	0.517	0.539	0.577	0.6415	0.698	0.7495	0.769	0.7865	0.7995	0.8105	0.8135
Coarse 분쇄 추출 용액100g	0.757	0.815	0.887	0.98	1.056	1.082	1.098	1.109	1.121	1.132	1.133

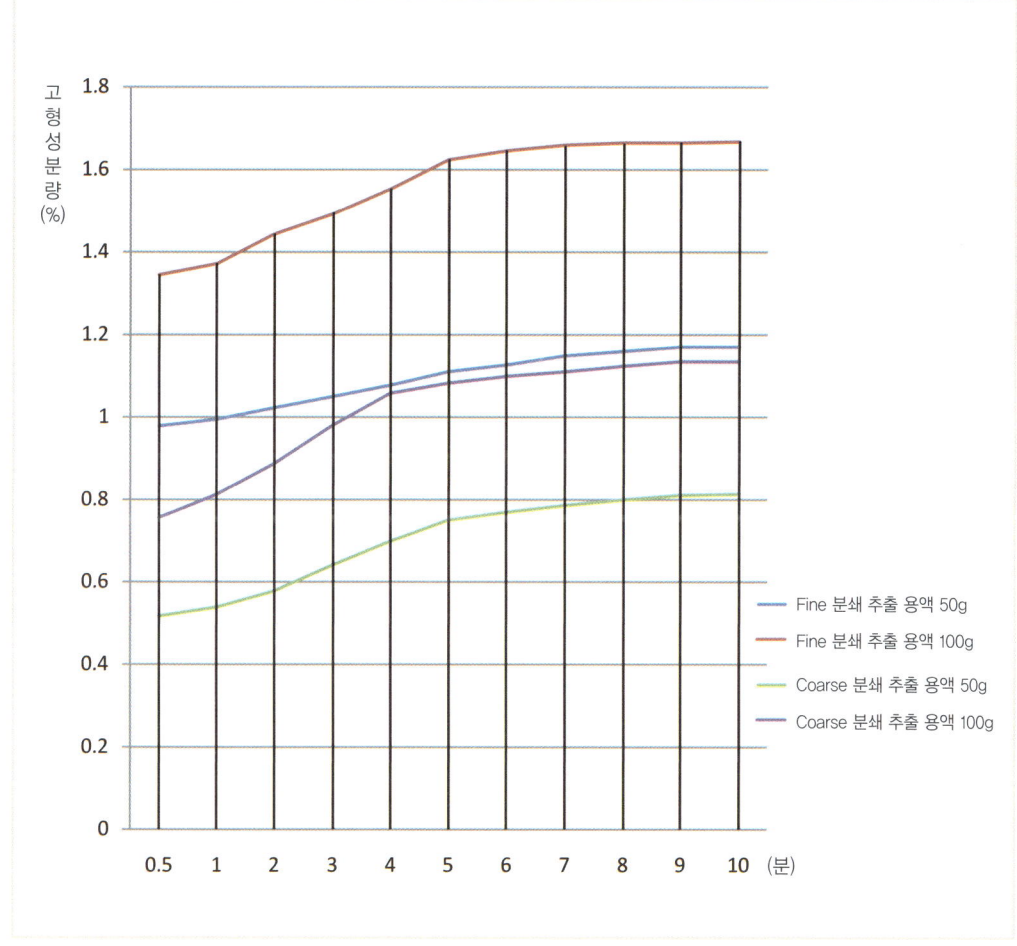

분쇄도별 추출 용액과 침지 시간에 따른 고형성분량의 차이를 알아보았다. 분쇄도별 추출 액량이 적은 것일수록 고형성분량은 적게 나타났고 반대로 추출 액량이 많을수록 고형성분량은 많이 나타났다. 굵은 분쇄 커피에 비해 고운 분쇄 커피가 고형성분량이 많은 것으로 나타났다. 따라서 추출 액량의 차이보다 분쇄 정도의 차이가 추출력에 더 큰 영향을 미치는 것을 알 수 있다.

⑦ 분쇄도별 추출 용액과 침지 시간에 따른 추출 수율의 차이

추출 수율(%), 끓는 물 사용	0.5min	1min	2min	3min	4min	5min	6min	7min	8min	9min	10min
Fine 분쇄 추출 용액50g	9.765	9.935	10.19	10.48	10.745	11.09	11.245	11.47	11.565	11.675	11.68
Fine 분쇄 추출 용액100g	13.46	13.72	14.43	14.94	15.52	16.23	16.45	16.58	16.63	16.65	16.67
Coarse 분쇄 추출 용액50g	5.17	5.39	5.77	6.415	6.98	7.495	7.69	7.865	7.995	8.105	8.135
Coarse 분쇄 추출 용액100g	7.57	8.15	8.87	9.8	10.56	10.82	10.98	11.09	11.21	11.32	11.33

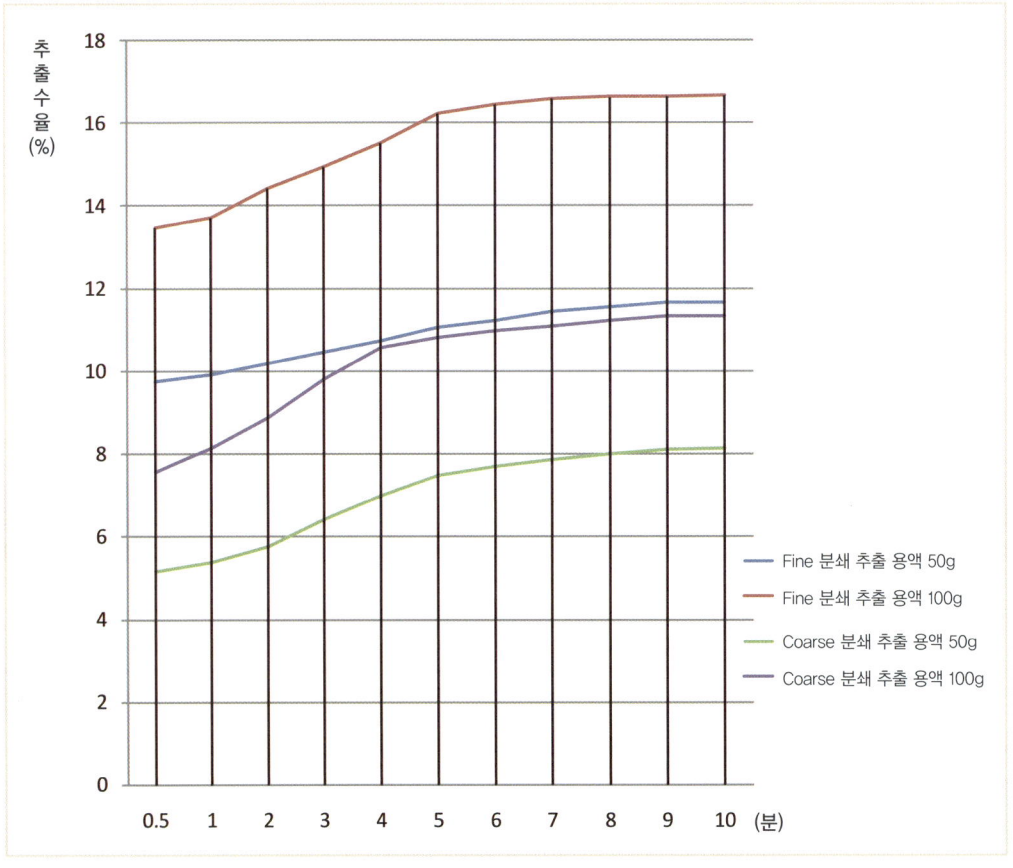

분쇄도별 추출 용액과 침지 시간에 따른 추출 수율의 차이를 살펴보면, 앞서서 알아본 고형 성분량의 변화와 거의 같다. 그래프는 인베 시간이 기남에 따라(x값이 증가함에 따라) 추출 수율(y값)이 조금이라도 증가하나, 혹 감소하였다면 물 붓는 서버에 물의 온도가 예열이 덜되었거나 물 붓는 속도에 따라 커피와 물이 만날 때 온도가 같지 않았기 때문일 것이다.

이 실험을 통계 자료로 활용하려면 최소 30회 이상 끓는 물을 직접 붓는 방식이 효율적이다.

6) 기타 실험 제시

중볶음 커피를 사용하여 분쇄도별 추출 온도와 침지 시간을 달리하였을 때 나타나는 추출력의 차이를 알아보고자 한다.

(1) 침지 실험 C

굵은 분쇄(1.0mm 이상)에서 추출 온도와 침지 시간에 따른 추출력의 차이

🫘 준비물

클레버드리퍼 5개, 서버 6개, 커피포트, 교반스틱, 저울(최소 눈금 0.1g), 온도계, 스톱워치, 얼음물, 종이필터, 분쇄된 커피, TDS기기

🫘 실험 도구

	커피 원두		물과 만나는 상태
볶음도	중볶음(Agtron #60)	사용 온도	끓은 직후 / 90℃ / 80℃
볶음 시간	8분	사용 물양	사용 물양 70g(추출 용액 50g)
분쇄 정도	굵은 분쇄(1.0mm 이상)	침지 시간	30초 / 1분 / 2분 / 3분 / 4분
사용 커피양	10g		

🫘 실험 방법

① 필터지를 장착한 클레버드리퍼 5개에 분쇄된 커피 10g씩을 준비해 두고, 그 뒤에 빈 서버를 놓아둔다.

② 서버에 끓는 물을 가득 부어 예열한 후 서버를 비운다. 그 서버를 저울 위에 올려놓고 0점을 맞춘다.

③ 서버에 끓는 물(이나 90℃ / 80℃)을 70(또는 120)g을 계량한다.

④ 스톱워치를 누른 후 4분짜리 클레버드리퍼에 ③을 폴오버하고(④-1) 5회 교반을 한다(④-2).

⑤ ③에서 사용한 따뜻한 서버를 다시 저울 위에 올려놓고 0점을 맞춘 후 같은 양의 끓는 물을 계량한다. ④의 스톱워치가 30초를 가리킬 때 3분짜리 클레버드리퍼에 폴오버하고 교반한다.

⑥ ⑤에 사용한 서버를 다시 저울 위에 올려놓고 0점을 맞춘 후 서버에 같은 양의 끓는 물을 계량한다. ④의 스톱워치가 1분을 가리킬 때 2분짜리 클레버드리퍼에 폴오버하고 교반한다.

⑦ ⑥에 사용한 서버를 다시 저울 위에 올려놓고 0점을 맞춘 후 서버에 같은 양의 끓는 물을 계량한다. ④의 스톱워치가 1분 30초를 가리킬 때 1분짜리 클레버드리퍼에 폴오버하고 교반한다.

⑧ ⑦에 사용한 서버를 다시 저울 위에 올려놓고 0점을 맞춘 후 서버에 같은 양의 끓는 물을 계량한다. ④의 스톱워치가 2분을 가리킬 때 30초짜리 클레버드리퍼에 폴오버하고 교반한다.

⑨ ④의 스톱워치가 2분 30초를 가리킬 때 30초와 1분짜리 클레버드리퍼를 동시에 뒤편에 놓아둔 서버에 올린다.(침지 시간 30초와 1분)

⑩ ④의 스톱워치가 3분을 가리킬 때 2분짜리 클레버드리퍼를 뒤편에 놓아둔 서버에 올린다.(침지 시간 2분)

⑪ ④의 스톱워치가 3분 30초를 가리킬 때 3분짜리 클레버드리퍼를 뒤에 놓아둔 서버에 올린다.(침지 시간 3분)

⑫ ④의 스톱워치가 4분을 가리킬 때 4분짜리 클레버드리퍼를 뒤에 놓아둔 서버에

올린다.(침지 시간 4분)

위에서 추출된 커피 용액을 작은 종이컵으로 25℃가 될 때까지 식힌 다음 TDS값을 측정한다.

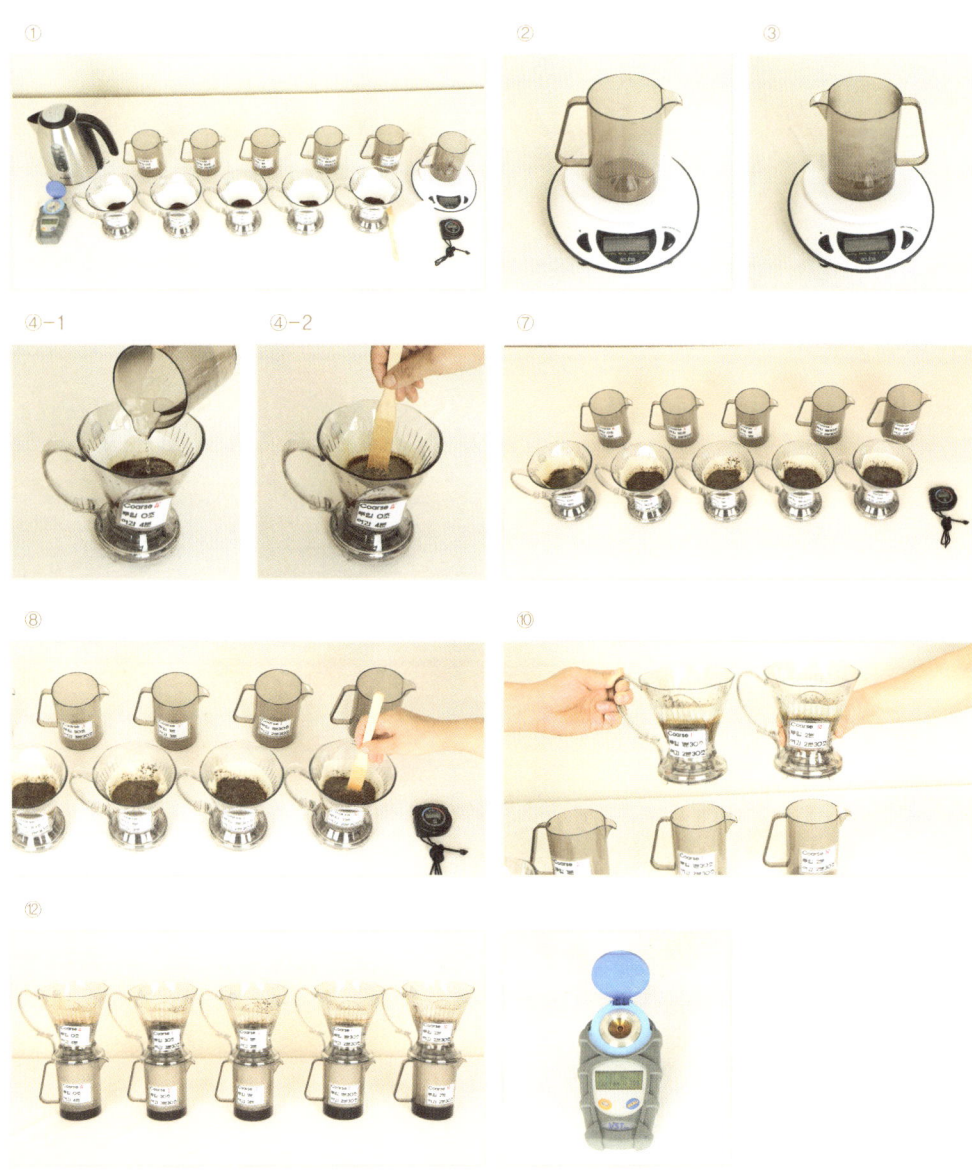

🫘 실험 결과 데이터

결과 커피 추출된 용액량 : 50g(사용한 물의 양 70g)	침지 시간(분)	TDS(Total Dissolved Solids)	추출 용액의 고형성분 함량(g)*	추출 수율**(%)	향미
분쇄도 : Coarse 물 온도 : 끓인 직후	30초				
	1분				
	2분				
	3분				
	4분				
분쇄도 : Coarse 물 온도 : 90℃	30초				
	1분				
	2분				
	3분				
	4분				
분쇄도 : Coarse 물 온도 : 80℃	30초				
	1분				
	2분				
	3분				
	4분				

*고형분 함량(g=TDS*추출 액량/100)

**추출 수율(%=고형분*100/커피 사용량)

(2) 침지 실험 D

고운 분쇄(0.5~0.7mm) 커피를 사용한 실험에서 추출 온도와 침지 시간에 따른 추출력 차이

🫘 준비물

클레버드리퍼 5개, 서버 6개, 커피포트, 교반스틱, 저울(최소 눈금 0.1g), 온도계,
스톱워치, 얼음물, 종이필터, 분쇄된 커피, TDS기기

🫘 실험 도구

커피 원두		물과 만나는 상태	
볶음도	중볶음(Agtron #60)	**사용 온도**	끓은 직후 / 90℃ / 80℃
볶음 시간	8분	**사용 물양**	70g(추출 용액 50g)
분쇄 정도	고운 분쇄(0.5~0.7mm)	**침지 시간**	30초 / 1분 / 2분 / 3분 / 4분
사용 커피양	10g		

🫘 실험 방법 (실험 C 참조)

① 필터지를 장착한 클레버드리퍼 5개에 분쇄된 커피 10g씩을 준비해 두고, 그 뒤에 빈 서버를 놓아둔다.

② 서버에 끓는 물을 가득 부어 예열한 후 서버를 비운다. 그 서버를 저울 위에 올려놓고 0점을 맞춘다.

③ 서버에 끓는 물(이나 90℃ / 80℃)을 70(또는 120)g을 계량한다.

④ 스톱워치를 누른 후 4분짜리 클레버드리퍼에 ③을 폴오버하고(④-1) 5회 교반을 한다(④-2).

⑤ ③에서 사용한 따뜻한 서버를 다시 저울 위에 올려놓고 0점을 맞춘 후 같은 양의 끓는 물을 계량한다. ④의 스톱워치가 30초를 가리킬 때 3분짜리 클레버드리퍼에 폴오버하고 교반한다.

⑥ ⑤에 사용한 서버를 다시 저울 위에 올려놓고 0점을 맞춘 후 서버에 같은 양의 끓는 물을 계량한다. ④의 스톱워치가 1분을 가리킬 때 2분짜리 클레버드리퍼에 폴오버하고 교반한다.

⑦ ⑥에 사용한 서버를 다시 저울 위에 올려놓고 0점을 맞춘 후 서버에 같은 양의
끓는 물을 계량한다. ④의 스톱워치가 1분 30초를 가리킬 때 1분짜리 클레버드
리퍼에 폴오버하고 교반한다.

⑧ ⑦에 사용한 서버를 다시 저울 위에 올려놓고 0점을 맞춘 후 서버에 같은 양의
끓는 물을 계량한다. ④의 스톱워치가 2분을 가리킬 때 30초짜리 클레버드리퍼
에 폴오버하고 교반한다.

⑨ ④의 스톱워치가 2분 30초를 가리킬 때 30초와 1분짜리 클레버드리퍼를 동시에
뒤편에 놓아둔 서버에 올린다.(침지 시간 30초와 1분)

⑩ ④의 스톱워치가 3분을 가리킬 때 2분짜리 클레버드리퍼를 뒤편에 놓아둔 서버
에 올린다.(침지 시간 2분)

⑪ ④의 스톱워치가 3분 30초를 가리킬 때 3분짜리 클레버드리퍼를 뒤에 놓아둔 서
버에 올린다.(침지 시간 3분)

⑫ ④의 스톱워치가 4분을 가리킬 때 4분짜리 클레버드리퍼를 뒤에 놓아둔 서버에
올린다.(침지 시간 4분)

위에서 추출된 커피 용액을 작은 종이컵으로 25℃가 되게 식힌 후 TDS값을 측정한다.

🫘 실험 결과 데이터

결과 커피 추출된 용액량 : 50g(사용한 물의 양 70g)	침지 시간(분)	TDS(Total Dissolved Solids)	추출 용액의 고형성분 함량(g)*	추출 수율**(%)	향미
분쇄도 : Fine 물 온도 : 끓인 직후	30초				
	1분				
	2분				
	3분				
	4분				

커피 지도사 1급

분쇄도 : Fine **물 온도 : 90℃**	30초				
	1분				
	2분				
	3분				
	4분				
분쇄도 : Fine **물 온도 : 80℃**	30초				
	1분				
	2분				
	3분				
	4분				

*고형분 함량(g=TDS*추출 액량/100)

**추출 수율(%=고형분*100/커피 사용량)

7) 침지 실험 정리

(1) 침지 추출에 영향을 주는 요소 정리

(2) 침지 실험에서 추출력의 차이

변수		추출력(높음)	추출력(낮음)	향미(대표적 특징)
분쇄도 정도	굵은 분쇄			
	고운 분쇄			
추출 시간	길수록			
	짧을수록			
사용하는 물의 양	많을수록			
	적을수록			
사용하는 물의 온도	높을수록			
	낮을수록			
사용하는 물의 양과 시간과의 관계	물-많음			
	시간-짧음			
	물-많다			
	시간-길다			
	물-적다			
	시간-짧다			
	물-적다			
	시간-길다			

커피 추출의 심화 원리 실험
− 투과

1. 투과 방식에서 추출력의 차이에 관한 실험
(이하 '투과 실험'으로 칭함)

1) 실험 목표

중볶음 커피를 사용하여 투과 추출하였을 때, 분쇄도별 추출 용액비과 투과 추출 방법에 따른 추출력의 차이를 알고자 한다.

2) 실험 내용

(1) 투과 실험 E

고운 분쇄(0.5~0.7mm) 커피를 사용하여 싱글 폴오버 브루잉을 하였을 때, 추출용수비에 따른 추출력의 차이

(2) 투과 실험 F

굵은 분쇄(1.0mm 이상) 커피를 사용하여 더블 폴오버 브루잉을 하였을 때, 추출용수비에 따른 추출력의 차이

(3) 투과 실험 E와 투과 실험 F의 상관관계 해석

3) 기타 실험 제시

중볶음 커피를 사용하여 투과 추출하였을 때, 분쇄도별 추출 온도와 투과 추출 방법에 따른 추출력의 차이를 알아보고자 한다.

(1) 투과 실험 G

고운 분쇄(0.5~0.7mm) 커피를 사용하여 싱글 폴오버 브루잉을 하였을 때, 추출 온도에 따른 추출력의 차이

(2) 투과 실험 H

굵은 분쇄(1.0mm 이상) 커피를 사용하여 더블 폴오버 브루잉을 하였을 때, 추출 온도에 따른 추출력의 차이

(3) 투과 실험 G와 투과 실험 H의 상관관계 해석

기타 실험은 각자 테스트하여 그 결과를 직접 기재하고 해석해 보자.

4) 실험 주의사항

(1) 준비한 원두의 상태에 따라 실험 결과는 달라질 수 있다. 매 실험을 할 때는 준비한 원두의 상태, 즉 볶음도(Agtron number)와 볶음 시간을 기재해야 한다. 실험 결과에 대한 해석도 원두의 상태에 준하여 살펴보아야 한다.

(2) 준비한 분쇄 커피의 굵기나 온도는 실험 상황에 따라 조금씩 차이 날 수 있다. 그 상황에 준하여 결과를 살펴보아야 한다. 따라서 본 실험 결과에 대한 데이터는 5번의

실험을 거쳐 그 결과(부록)를 평균 낸 값이다.

(3) 추출력과 향미의 선호도와는 상관관계가 없다. 단, 본인의 선호도에 맞는 TDS값과 추출 수율을 기억하고 그때의 커피 추출 방법과 그 상태를 인지해 놓는 것이 좋다. 다음 실험에 적용하여 활용할 수 있기 때문이다.

5) 실험 실전

(1) 투과 실험 E
고운 분쇄(0.5~0.7mm) 커피를 사용하여 싱글 폴오버 브루잉을 하였을 때, 추출 용액 비에 따른 추출력 차이

🫘 실험 목표
싱글 폴오버 브루잉을 할 때, 사용하는 물양의 차이에 따른 추출력의 차이 및 그 향미의 차이를 알고자 한다.

🫘 준비물

서버 4개, 커피포트, 저울, 얼음물, 드리퍼 3개, 종이필터, 분쇄된 커피, TDS 기기

🫘 실험 도구

커피 원두		물과 만나는 상태	
볶음도	중볶음(Agtron #60)	사용 온도	끓은 직후
볶음 시간	8분	사용 물양	사용 커피양의 6배 / 10배 / 14배
분쇄 정도	고운 분쇄(0.5~0.7mm)	추출 방식	싱글 폴오버 브루잉
사용 커피양	20g		

🫘 실험 방법

① 필터지를 장착한 드립 세트 3개를 준비한다. Fine 분쇄된 커피 20g씩을 준비한다.

② 다른 서버에 끓는 물을 가득 부어 예열하고 난 후 서버를 비운다. 그 서버를 저울 위에 올려놓고 0점을 맞춘다.

③ 서버에 끓는 물을 120g을 계량한다.

④ 맨 왼쪽 드리퍼에 ③을 달팽이를 그리며 폴오버한다.

⑤ 사용한 서버에 끓는 물을 다시 200g을 계량한다.

⑥ 가운데 드리퍼에 ⑤를 달팽이를 그리며 폴오버한다.

⑦ 사용한 서버에 끓는 물을 다시 280g을 계량한다.

⑧ 오른쪽 드리퍼에 ⑦을 달팽이를 그리며 폴오버한다.

⑨ 커피 용액이 모두 추출되면 작은 종이컵을 이용하여 25℃까지 식힌 후 TDS값을 측정한다.

①

②

③

④

⑧-1

⑧-2

⑨
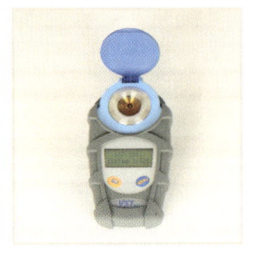

🫘 실험 결과 데이터

물의 양	6배	10배	14배
추출 액량(ml)	84.7	163.4	239.1
추출 용액 TDS(%)	2.29	1.44	1.09
고형물 함량(g)*	1.94	2.36	2.6
추출 수율(%)**	9.68	11.78	12.99
향미			

*고형분 함량(g=TDS*추출 액량/100)

**추출 수율(%=고형분*100/커피 사용량)

🫘 투과 실험 E 결과 해석

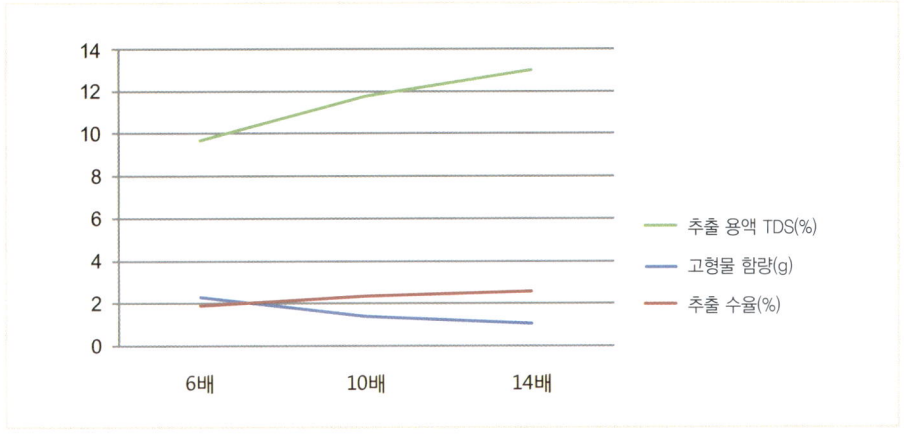

■ 고운 분쇄(0.5~0.7mm) 커피에서 추출 용액과 침지 시간과의 TDS값의 차이

싱글 폴오버 브루잉 방식을 사용하여 추출할 때, 사용하는 물의 양이 많아짐에 따라 커피 용액의 농도는 낮아지나 커피 용액 속에 녹아 있는 고형성분의 함량은 더 많아지고 있다. 따라서 추출 수율은 사용하는 용액비에 따라 증가함을 알 수 있다. 따라서 한잔의 커피에 원하는 추출 수율을 만들기 위해서는 사용하는 물의 양을 조절할 필요가 있다.

(2) 투과 실험 F

굵은 분쇄(1.0mm 이상) 커피를 사용하여 더블 폴오버 브루잉하였을 때, 추출용수비에 따른 추출력 차이

🫘 실험 목표

더블 폴오버 브루잉을 할 때, 사용하는 물양에 따른 추출력의 차이 및 그 향미의 차이를 알고자 한다.

🫘 준비물

서버 7개, 드리퍼 3개, 커피포트, 저울, 스톱워치, 얼음물, 종이필터, 분쇄된 커피, TDS 측정기

🫘 실험 도구

커피 원두		물과 만나는 상태	
볶음도	중볶음(Agtron #60)	사용 온도	끓은 직후
볶음 시간	8분	사용 물양	사용 커피양의 6배 / 10배 / 14배
분쇄 정도	굵은 분쇄(1.0mm 이상)	추출 방식	더블 폴오버 브루잉
사용 커피양	20g		

🫘 실험 방법

① 필터지를 장착한 드립세트 3개를 준비하고 그 뒤에 서버를 하나씩 놓아둔다. Coarse 분쇄된 커피 20g씩을 준비한다.

② 서버에 끓는 물을 가득 부어 예열한 후 서버의 물을 버린다. 그 서버를 저울 위에 올려놓고 0점을 맞춘다.

③ 서버에 끓는 물을 120g을 계량한다.

④ 맨왼쪽 드리퍼(6배)에 스톱위치를 누르며 ③을 달팽이를 그리며 폴오버한다.

⑤ 사용한 서버에 끓는 물을 다시 280g을 계량한다.

⑥ 가운데 드리퍼(10배)에 스톱위치를 누르며 ⑤를 단번에 폴오버한다.

⑦ 사용한 서버에 끓는 물을 다시 280g을 계량한다.

⑧ 오른쪽 드리퍼에 스톱위치를 누르며 ⑦을 달팽이를 그리며 폴오버한다.

⑨ 싱글 브루잉(Single brewing)한 커피가 다 내려오면 3분 후 드리퍼를 뒷줄 서버로 옮긴 후, 내려온 커피 용액으로 되붓기 한다.

⑩ 커피 용액이 다 추출되면 작은 종이컵을 이용하여 25℃까지 식힌 후 TDS값을 측정한다.

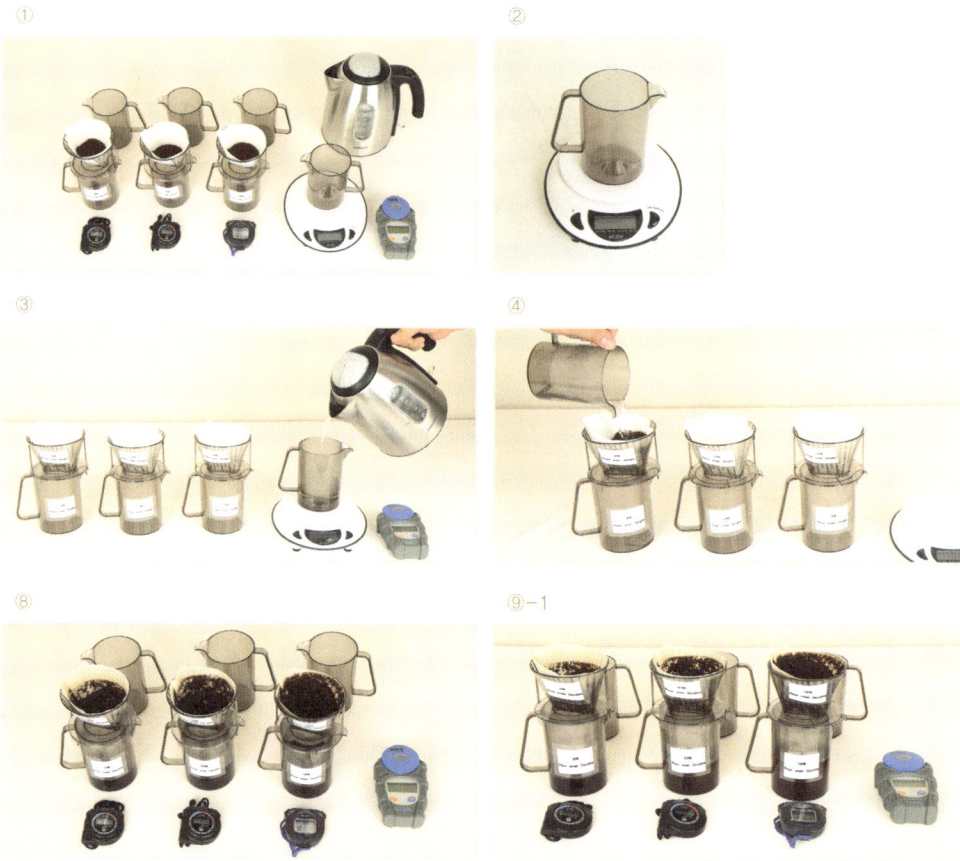

⑨-2

⑨-3

⑩

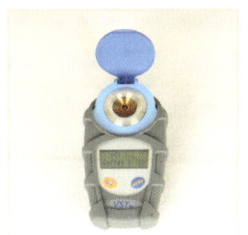

🫘 실험 결과 데이터

물의 양	6배	10배	14배
추출 액량(ml)	78.12	154.5	231
추출 용액 TDS(%)	2.33	1.67	1.29
고형물 함량(g)*	1.82	2.57	2.97
추출 수율(%)**	9.09	12.89	14.86
향미			

*고형분 함량(g=TDS*추출 액량/100)

**추출 수율(%=고형분*100/커피 사용량)

커피 지도사 1급

🫘 투과 실험 F 결과 해석

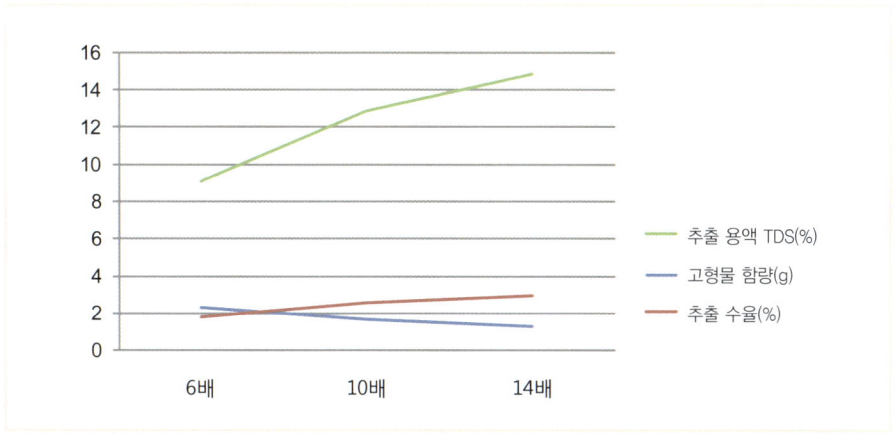

■ 고운 분쇄(0.5~0.7mm) 커피에서 추출 용액과 침지 시간과의 TDS값의 차이

더블 폴오버 브루잉으로 투과 추출할 때, 사용하는 물의 양이 많아짐에 따라 커피 용액의 농도는 낮아지나 커피 용액 속에 녹아 있는 고형성분의 함량은 더 많아지고 있다. 따라서 추출 수율은 사용하는 용수비에 따라 증가함을 알 수 있다. 싱글 폴오버 브루잉에 비해 더블 폴오버 브루잉의 추출 수율이 더 높게 나타났다. 사용 물양이 6배일 때는 싱글 브루잉과 더블 브루잉과의 추출 수율의 차이를 보이지 않지만 10배 이상의 물을 사용할수록 더블 폴오버 브루잉의 추출 수율이 더 높게 나타났다.

향미 평가에서는 더블 폴오버 브루잉 커피가 싱글 폴오버 브루잉 커피에 비해 선호도가 더 좋았다. 더블 폴오버 브루잉을 했기 때문에 농도가 강할 것이라는 예상과는 다른 결과가 나타났다. 그 이유는 커피를 굵게 분쇄했기 때문인 것으로 여겨진다. 한 잔의 커피에 원하는 추출 수율과 농도를 만들기 위해서는 사용하는 물의 양과 함께 분쇄 정도도 고려할 필요가 있음을 알 수 있다.

(3) 투과 실험 E와 투과 실험 F의 상관관계 해석

① 폴오버 브루잉 방식별 사용하는 물의 양에 따른 TDS값의 차이

TDS(%)	커피 투입량의 6배	커피 투입량의 10배	커피 투입량의 14배
Single Pour Over	2.285	1.442	1.087
Double Pour Over	2.33	1.666	1.282

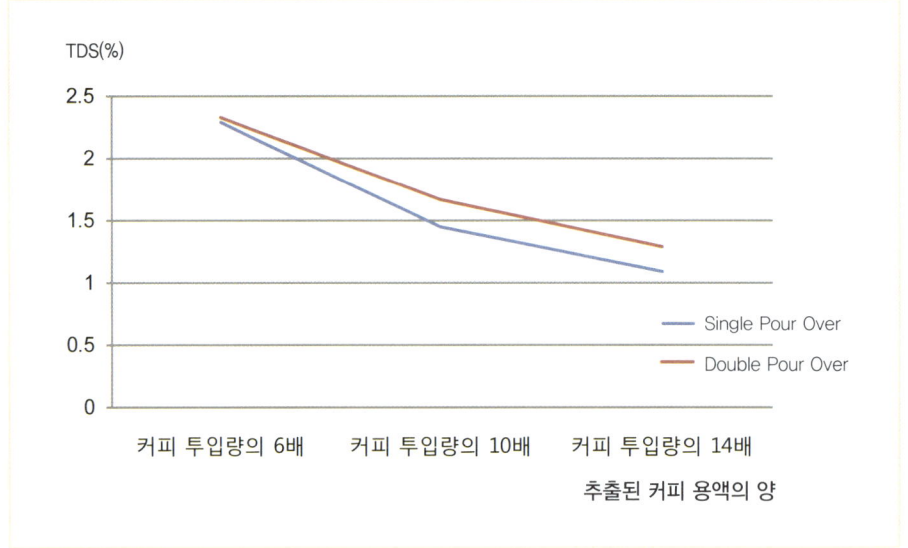

폴오버 브루잉 방식별 사용하는 물의 양에 따른 TDS값의 차이를 살펴보았다. 용수비에서 10배, 14배로 사용 물양이 증가할수록 농도는 낮아졌고 사용 물양의 증가 배수에 따라 그 농도가 같은 비례로 감소하지는 않는 것으로 나타났다. 커피양의 6배와 10배 사이의 농도 차이 간격이 10배와 14배 사이의 농도 차이 간격보다 더 큰 것으로 보아 물양이 적을수록 추출이 부족하게 된 상태였음을 짐작할 수 있었다.

커피 지도사 1급

② 폴오버 브루잉 방식별 사용하는 물의 양에 따른 고형성분량의 차이

고형 성분량(g)	커피 투입량의 6배	커피 투입량의 10배	커피 투입량의 14배
Single Pour Over	1.796	2.336	2.576
Double Pour Over	1.817	2.567	2.965

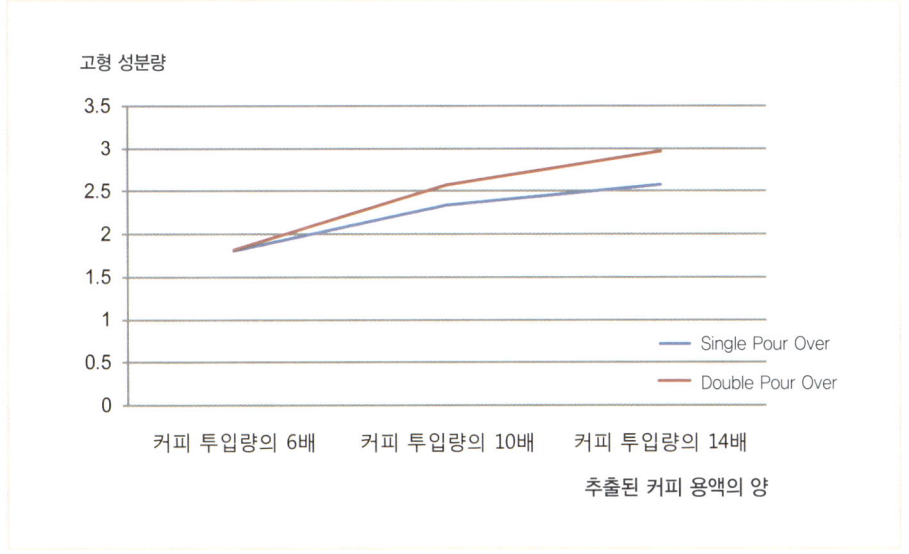

폴오버 브루잉 방식별 사용하는 물의 양에 따른 고형성분량의 차이를 살펴보았다. 폴오버 브루잉의 횟수가 증가함에 따라 사용하는 물양에 대한 고형성분량은 증가하는 것을 볼 수 있다. 하지만 그 둘의 고형성분량의 간격은 그리 크지 않는 것으로 나타났다. 커피 투입량의 6배의 물을 사용할 경우, 고형성분량은 거의 비슷하게 나타났고 사용 물양이 10배, 14배로 증가할수록 고형성분량은 차츰 더 늘어나는 것을 알 수 있다. 이는 물을 많이 사용하여 추출할수록 더 많은 추출력을 나타냄을 알 수 있다.

③ 폴오버 브루잉 방식별 사용하는 물양에 따른 추출 수율의 차이

추출 수율(%)	커피 투입량의 4배	커피 투입량의 10배	커피 투입량의 14배
Pour Over Single	9.47	11.69	12.93
Pour Over Double	9.1	12.84	14.79

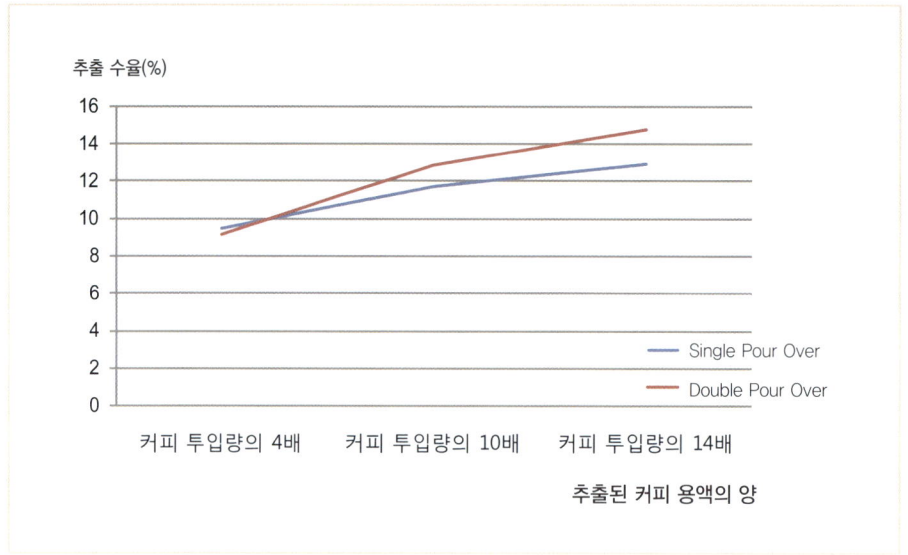

더블 폴오버 브루잉 방식이 싱글 폴오버 브루잉 방식에 비해 전반적으로 더 많은 추출 수율을 나타내고 있다. 특히 사용 물양이 6배일 때는 싱글 폴오버 브루잉 방식이 더블 폴오버 브루잉 방식에 비해 조금 더 많은 추출 수율을 보이나 사용 물양이 10배와 14배는 더블 폴오버 브루잉 방식이 훨씬 더 많은 값을 나타냈다. 이는 물을 많이 사용하여 추출할수록 더 강한 추출력을 가짐을 알 수 있다.

6) 기타 투과 실험 제시

중볶음 커피를 사용하여 투과 추출하였을 때, 분쇄도별 사용하는 물의 온도와 투과 추출 방법에 따른 추출력의 차이를 알아보고자 한다.

커피 지도사 1급

(1) 투과 실험 G

고운 분쇄(0.6~0.7mm) 커피를 사용하여 싱글 폴오버 브루잉하였을 때, 사용하는 물의
온도에 따른 추출력의 차이

🫘 실험 목표

싱글 폴오버 브루잉(Single pour over brewing)을 할 때, 사용하는 물의 온도에 따른 추출력
차이 및 그 향미의 차이를 알고자 한다.

🫘 준비물

서버 4개, 커피포트, 저울, 온도계, 스톱워치, 얼음물, 드리퍼 3개, 종이필터,
분쇄된 커피, TDS 측정기

🫘 실험 도구

커피 원두		물과 만나는 상태	
볶음도	중볶음(Agtron #60)	**사용 온도**	끓은 직후 / 90℃ / 80℃
볶음 시간	8분	**사용 물양**	사용 커피양의 6배
분쇄 정도	고운 분쇄(0.5~0.7mm)	**추출 방식**	싱글 폴오버 브루잉
사용 커피양	20g		

🫘 실험 방법 (실험 E 참조)

① 필터지를 장착한 드립 세트 3개를 준비한다. Fine 분쇄된 커피 20g씩을 준비한
다.
② 다른 서버에 끓는 물을 가득 부어 예열하고 난 후 서버를 비운다. 그 서버를 저
울 위에 올려놓고 0점을 맞춘다.
③ 서버에 끓는 물을 120g을 계량한다.

④ 맨 왼쪽 드리퍼에 ③을 달팽이를 그리며 폴오버한다.

⑤ 사용한 서버에 90℃의 물을 다시 120g을 계량한다.

⑥ 가운데 드리퍼에 ⑤를 달팽이를 그리며 폴오버한다.

⑦ 사용한 서버에 80℃의 물을 다시 120g을 계량한다.

⑧ 오른쪽 드리퍼에 ⑦을 달팽이를 그리며 폴오버한다.

⑨ 커피 용액이 모두 추출되면 작은 종이컵을 이용하여 25℃까지 식힌 후 TDS값
을 측정한다.

①

②

③

⑧

⑨

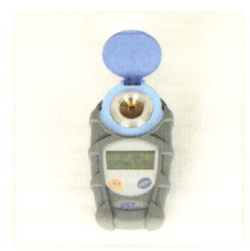

🌰 실험 결과 데이터

물의 양	끓인 직후	90℃	80℃
추출 액량(ml)			
추출 용액 TDS(%)			
고형물 함량(g)*			
추출 수율(%)**			
향미			

*고형분 함량(g=TDS*추출 액량/100)

**추출 수율(%=고형분*100/커피 사용량)

(2) 투과 실험 H

굵은 분쇄(1.0mm 이상) 커피를 사용하여 더블 폴오버 브루잉을 하였을 때 사용하는 물의 온도에 따른 추출력의 차이

🌰 실험 목표

더블 폴오버 브루잉(Double pour over brewing)을 하였을 때, 사용하는 물의 온도에 따른 추출력의 차이 및 그 향미의 차이를 알고자 한다.

🌰 준비물

서버 7개, 드리퍼 3개, 커피포트, 저울, 온도계, 스톱워치, 얼음물, 종이필터, 분쇄된 커피, TDS 측정기

🫘 실험 도구

커피 원두		물과 만나는 상태	
볶음도	중볶음(Agtron #60)	**사용 온도**	끓은 직후 / 90℃ / 80℃
볶음 시간	8분	**사용 물양**	사용 커피양의 6배
분쇄 정도	굵은 분쇄(1.0mm 이상)	**추출 방식**	더블 폴오버 브루잉
사용 커피양	20g		

🫘 실험 방법 (실험 F 참조)

① 필터지를 장착한 드립세트 3개를 준비하고 그 뒤에 서버를 하나씩 놓아둔다. Coarse 분쇄된 커피 20g씩을 준비한다.

② 서버에 끓는 물을 가득 부어 예열한 후 서버의 물을 버린다. 그 서버를 저울 위에 올려놓고 0점을 맞춘다.

③ 서버에 끓는 물을 120g을 계량한다.

④ 맨왼쪽 드리퍼에 스톱위치를 누르며 ③을 달팽이를 그리며 폴오버한다.

⑤ 사용한 서버에 끓는 물을 다시 120g을 계량한다. 90℃까지 기다린다.

⑥ 가운데 드리퍼에 스톱위치를 누르며 ⑤을 달팽이를 그리며 폴오버한다.

⑦ 사용한 서버에 끓는 물을 다시 120g을 계량한다. 80℃까지 기다린다.

⑧ 오른쪽 드리퍼에 스톱위치를 누르며 ⑦을 달팽이를 그리며 폴오버한다.

⑨ 싱글 브루잉한 커피가 다 내려오면 3분 후 드리퍼를 뒷줄 서버로 옮긴 후, 내려온 커피 용액으로 되붓기 한다.

⑩ 커피 용액이 다 추출되면 작은 종이컵을 이용하여 25℃까지 식힌 후 TDS값을 측정한다.

①

②

③

④

⑨-1

⑨-2

⑩-1

⑩-2

🫘 실험 결과 데이터

물의 양	끓인 직후	90℃	80℃
추출 액량(ml)			
추출 용액 TDS(%)			
고형물 함량(g)*			
추출 수율(%)**			
향미			

*고형분 함량(g=TDS*추출 액량/100)
**추출 수율(%=고형분*100/커피 사용량)

6) 투과 실험 정리

(1) 투과 추출에 영향을 주는 요소 정리

(2) 투과 추출에 의한 추출력의 차이

변수			추출력(높음)	추출력(낮음)	향미(대표적 특징)
분쇄도 정도	굵은 분쇄				
	고운 분쇄				
추출 방식	싱글 폴오버 브루잉				
	더블 폴오버 브루잉				
싱글 폴오버 브루잉과 더블 폴오버 브루잉에서 사용한 물의 양에 따른 추출력 비교	싱글	6배			
		10배			
		14배			
	더블	6배			
		10배			
		14배			

커피 지도사 1급

커피 추출의 심화 원리 실험

- 커피 상태별

1. 로스팅 상태(볶음도 또는 로스팅 시간)에 따른 커피 추출도 차이에 관한 실험('로스팅 실험'이라 칭함)

1) 실험 목표

커피 추출 방식별 커피 로스팅 상태에 따른 추출도의 차이를 알고자 한다.

2) 실험 내용

(1) 로스팅 실험 I

투과 추출 방식에서 로스팅 상태에 따른 추출도의 차이

(2) 로스팅 실험 J

침지 추출 방식에서 로스팅 상태에 따른 추출도의 차이

(3) 로스팅 실험 I와 로스팅 실험 J의 상관관계 해석

3) 기타 실험 제시

커피 분쇄도별 로스팅 상태(또는 로스팅 시간)에 따른 추출력의 차이를 알아보고자 한다.

(1) 로스팅 실험 K

굵은 분쇄(1.0mm 이상) 커피를 사용한 실험에서 커피 로스팅 상태에 따른 추출도의 차이

(2) 로스팅 실험 L

고운 분쇄(0.5~0.7mm) 커피를 사용한 실험에서 커피 로스팅 상태에 따른 추출도의 차이

(3) 로스팅 실험 K와 로스팅 실험 L의 상관관계 해석

4) 실험 주의사항

1) 준비한 원두의 상태에 따라 실험 결과는 달라질 수 있다. 따라서 실험할 때는 준비한 원두의 상태, 즉 볶음도(Agtron number)와 볶음 시간을 기재해야 한다. 실험 결과에 대한 해석도 원두의 상태에 준하여 살펴보아야 한다.

2) 준비한 분쇄 커피의 굵기나 온도는 실험 상황에 따라 조금씩 차이날 수 있다. 그 상황에 준하여 결과를 살펴보아야 한다.

3) 완전 투과 추출 방식은 부은 물이 거의 빠지면 다시 붓는 방식이다. 이때, 한 번에 붓는 물양과 커피가루에 골고루 적시는 모양, 붓는 물줄기 등의 변수에 따라 조금씩 차이날 수 있다. 가능한 한 같은 방식으로 실험하여야 일관된 데이터 값을 구할 수 있다.

4) 추출력과 향미의 선호도가 절대적인 상관관계를 가지는 것은 아니다. 단, 본인이 선호도에 맞는 추출 수율을 나타내는 커피 추출 방법과 그 상태를 인지해 놓는 것이 좋다.

5) 실험 실전

(1) 로스팅 상태에 따른 실험 I

투과 방식으로 추출하였을 때 로스팅 상태(볶음도 또는 로스팅 시간)에 따른 추출도 차이

🫘 실험 목표

로스팅 상태가 다른 원두를 투과식으로 추출할 때의 추출도의 차이를 알고자 한다.

🫘 준비물

서버 8개, 전기포트, 저울, 스톱워치, 얼음물, 드리퍼 4개, 종이필터, 분쇄된 커피, TDS 측정기

🫘 실험 도구

	커피 원두		물과 만나는 상태
볶음도	강강(Agtron #40±3) 약강(#50±3) 중(#60±3) 약(#70±3)	사용 온도	끓은 직후
볶음 시간	12분 / 11분 / 9분 / 8분	사용 물양	사용 커피양의 6배(120g)
분쇄 정도	중간 분쇄(0.7~1.0mm)	추출 방식	풀오버 브루잉
사용 커피양	20g		

🫘 실험 방법

① 필터지에 중간 분쇄된 각 볶음도 커피 20g씩을 넣은 드리퍼 4개를 서버 위에 각 각 놓아둔다.

② 드리퍼와 서버 1세트를 저울 위에 올려놓고 0점을 맞춘다.

③ 스톱워치를 누른 후 각각의 드리퍼에 끓는 물 30g을 침지되지 않게 붓는다.

④ 1분 후 드리퍼에 끓는 물 30g을 침지되지 않게 골고루 적셔지도록 더 붓는다.

⑤ 2분 후 드리퍼에 끓는 물 30g을 침지되지 않게 골고루 적셔지도록 더 붓는다.

⑥ 3분 후 드리퍼에 끓는 물 30g을 침지되지 않게 골고루 적셔지도록 더 붓는다.

⑦ 서버에 커피 용액이 다 내려오면

⑧ 작은 종이컵을 이용하여 25℃까지 식힌 후 TDS값을 측정한다.

①
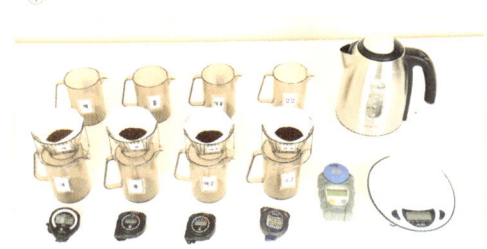

②

③-1

③-2

④

⑤

커피 지도사 1급

⑥-1

⑥-2

⑦

🫘 실험 결과 데이터

볶음도(#)	40±3	50±3	60±3	70±3
추출 액량(ml)				
추출액 TDS(%)	4.013	3.593	3.702	3.823
고형물 함량(g)	3.067	2.763	2.886	4.013
추출 수율(%)	15.34	13.82	14.42	14.72
향미				

볶음 시간(분)	8±1	12±1	16±1
추출 액량(ml)			
추출액 TDS(%)			
고형물 함량(g)			
추출 수율(%)			
향미			

🫘 로스팅 실험 I의 결과 해석

① 투과 방식으로 추출하였을 때, 로스팅 상태에 따른 추출력의 차이

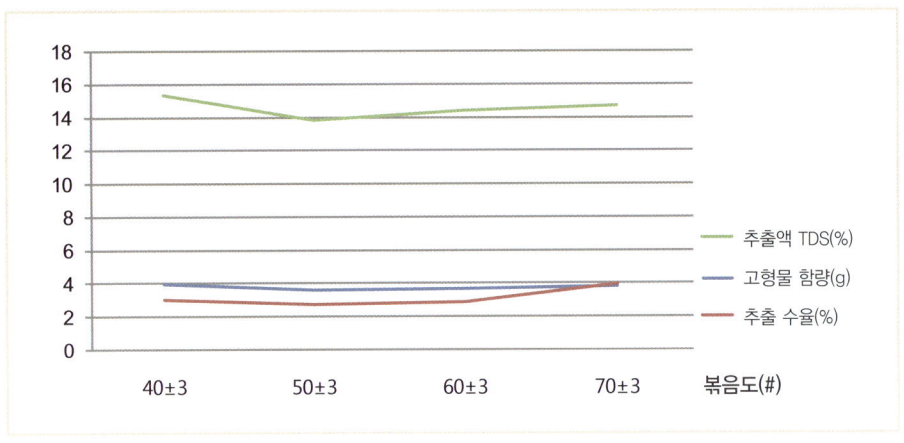

- 고운 분쇄(0.5~0.7mm) 커피에서 추출 용액과 침지 시간과의 TDS값의 차이

투과 방식으로 추출하였을 때, 로스팅 정도별 그 추출도의 차이는 거의 없으며 고형물의 함량도 큰 차이를 보이지 않는다. 중볶음일 때가 다른 볶음도에 비해 아주 조금 적은 것으로 나타났으나 강볶음과는 별 차이를 보이지 않는다. 약볶음일 때 가장 많은 고형성분량을 나타내고 있지만 이 또한 다른 볶음도와 그리 차이를 보이지는 않는다.

추출 수율은 강강볶음이 가장 높게 나타났고 약강볶음이 가장 낮았다. 또한 약강볶음에서 약볶음으로 갈수록 추출 수율은 올라가고 있었다. 가설로는, 고형성분량이 가장 많이 남은 약볶음이 커피 용액 속에 녹아나올 성분이 가장 많아서 추출 수율이 가장 높을 것으로 예상되나, 강강볶음의 추출 수율이 가장 높게 나타났다. 이는 추출할 시 외부 환경, 즉 물 온도, 1차 2차 때 적셔 주는 물양의 차이와 접촉 시간 등의 영향을 받지 않았을까 하는 의구심이 일어난다.

따라서 투과 방식의 실험은 안정되고 일정한 반복 실험이 어렵다는 문제점을 가지고 있었다. 실험할 때마다 결과값이 달라서 해석에 애로점이 있었다.

(2) 로스팅 실험 J

침지 방식으로 추출하였을 때, 로스팅 상대에 따른 추출력 차이

🫘 실험 목표

로스팅 상태가 다른 원두를 침지 방식으로 추출할 때의 추출도의 차이를 알고자 한다.

🫘 준비물

서버 5개, 전기포트, 저울, 스톱워치, 얼음물, 클레버드리퍼 4개, 종이필터, 교반스틱, 분쇄된 커피, TDS 기기

🫘 실험 도구

	커피 원두		물과 만나는 상태
볶음도	Agtron #40강강 / #50약강 / #60중 /#70약	사용 온도	끓은 직후
볶음 시간	12분 / 11분 / 9분 / 8분	사용 물양	사용 커피양의 6배(120g)
분쇄 정도	중간 분쇄(0.5~0.7mm)	추출 방식	침지 방식
사용 커피양	20g	추출 시간	3분

🫘 실험 방법

① 필터지를 장착한 클레버드리퍼 4개에 Regular 분쇄된 각 볶음도 커피 20g씩을 준비해 두고 그 뒤에 빈 서버를 하나씩 놓아둔다.

② 서버에 끓는 물을 가득 부어 예열한 후 서버를 비운다. 데운 서버를 저울 위에 올려놓고 0점을 맞춘다.

③ 서버에 끓는 물을 120g을 계량한다.

④ 클레버드리퍼에 스톱워치를 누르며 ③을 단번에 다 붓고 5회 교반한다.

⑤ 나머지 3개의 로스팅 정도가 다른 클레버드리퍼도 ③~④ 과정을 반복한다.

⑥ 3분이 지나면 클레버드리퍼를 서버 위에 올려 추출한다. 서버에 커피 용액이 다 내려오면 작은 종이컵을 이용하여 25℃까지 식힌 후 TDS값을 측정한다.

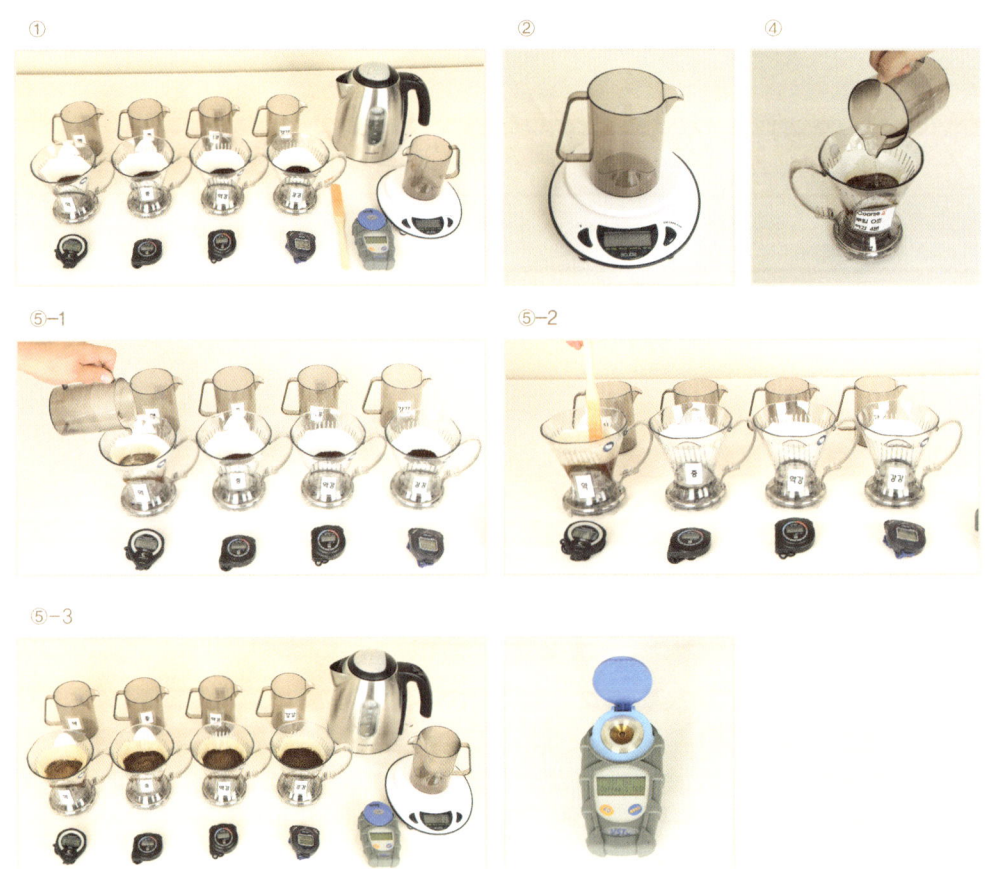

커피 지도사 1급

🫘 로스팅 실험 데이터

볶음노(#)	40±3	50±3	60±3	70±3
추출 액량(ml)				
추출액 TDS(%)	1.868	1.99	2.052	2.185
고형물 함량(g)	1.404	1.527	1.599	1.707
추출 수율(%)	7.05	7.63	7.99	8.54
향미				

볶음 시간(분)	8±1	12±1	16±1
추출 액량(ml)			
추출액 TDS(%)			
고형물 함량(g)			
추출 수율(%)			
향미			

🫘 로스팅 실험 J의 결과 해석

① 침지 방식으로 추출하였을 때, 로스팅 상태에 따른 추출력의 차이

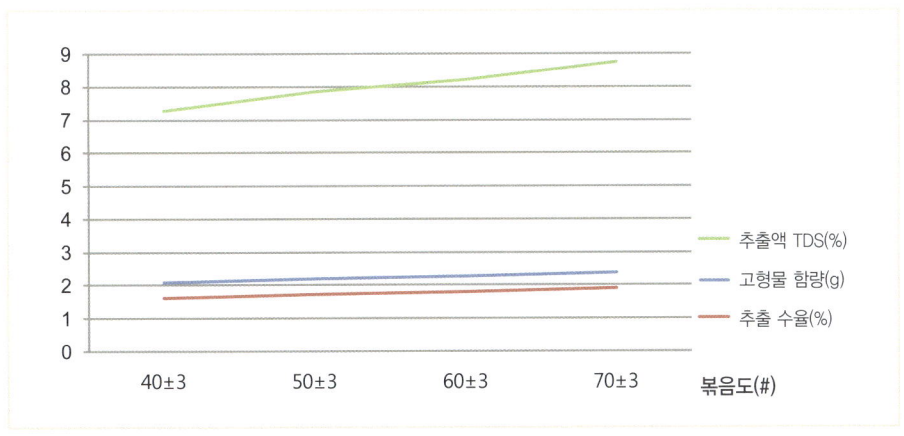

침지 방식으로 추출하였을 때, 약볶음 커피가 농도 및 고형성분량과 추출 수율이 가장 높게 나타났고 로스팅이 강해질수록 고형성분량과 추출 수율이 낮아지는 것을 알 수 있다. 이는 약볶음일수록 녹아져 나올 커피 성분이 많이 남아있음을 알 수 있고 강볶음일수록 남아 있는 커피 성분이 많이 사라졌음을 생각해 볼 수 있다.

또한 침지 방식은 볶음도별로 농도 및 고형성분량과 추출 수율의 수치가 일정하게 올라가거나 내려가는 것을 보아 추출이 단계적으로 일정하게 진행되는 것을 알 수 있다.

(3) 로스팅 실험 I와 로스팅 실험 J의 상관관계 해석

① 추출 방식을 달리하였을 때, 로스팅 상태에 따른 TDS값의 차이

TDS(%)	#70약	#60중	#50약강	#40강강
투과(커피의 6배 물사용)	3.823	3.702	3.593	4.013
침지(커피의 6배 물사용)	2.185	2.052	1.99	1.868

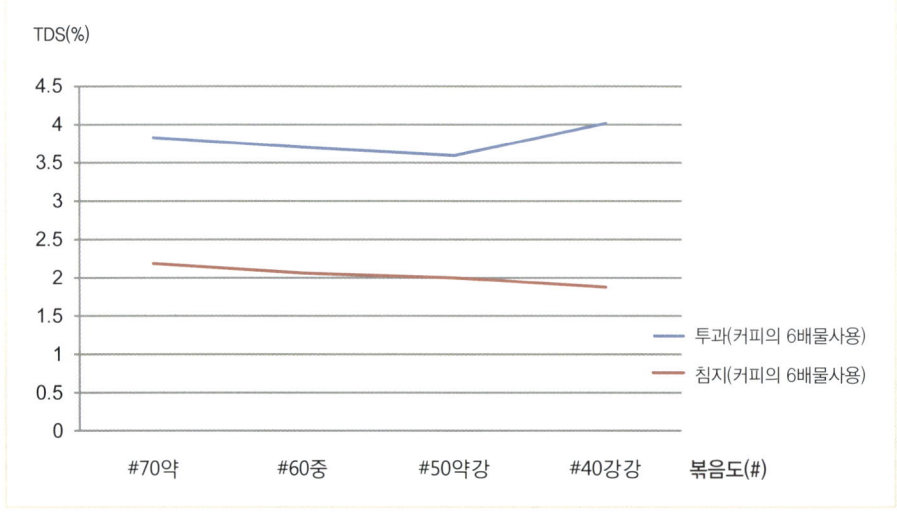

추출 방식을 달리하였을 때, 로스팅 상태에 따른 TDS값의 차이를 살펴보았다.

침지 방식은 약볶음에서 강강볶음으로 갈수록 그 농도는 갈수록 낮아지고 있었으나 투과 방식은 약볶음에서 약강볶음으로 간수록 그 농도가 낮아졌다가 강강볶음에는 가장 높은 농도를 나타내었다.

이는 약볶음은 추출 방식에 상관없이 농도를 높게 나타내었지만 강강볶음은 추출 방식에 크게 좌우된다는 것을 알 수 있었다. 특히 약볶음일 때는 추출 온도에 크게 영향을 받으므로 추출 온도에 주의하여 실험해야 할 필요가 있다.

② 추출 방식을 달리하였을 때, 로스팅 상태에 따른 고형성분량의 차이

고형 성분량(g)	#70약	#60중	#50약강	#40강강
투과(커피의 6배 물사용)	2,939	2,886	2,763	3,067
침지(커피의 6배 물사용)	1,707	1,519	1,527	1,404

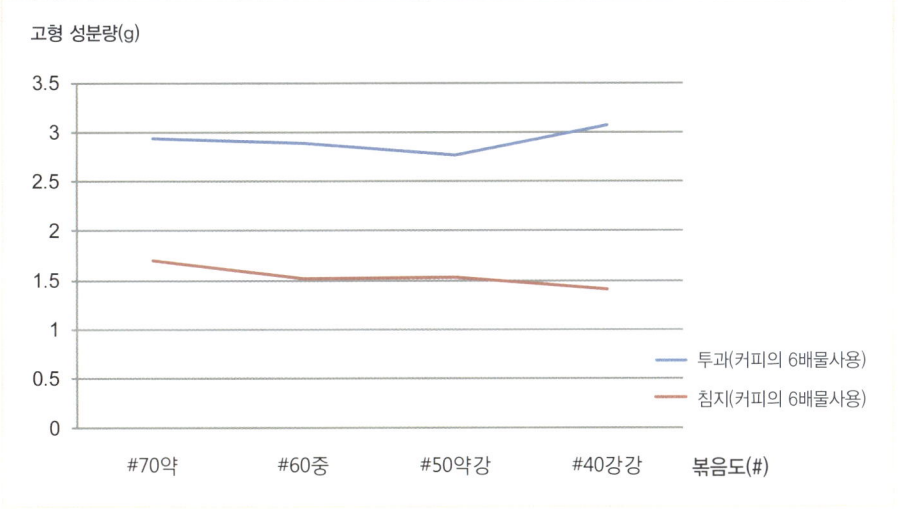

추출 방식을 달리하였을 때, 로스팅 상태에 따른 고형성분량의 차이를 살펴보았다.

침지 방식에서는 약볶음에서 강강볶음으로 갈수록 고형성분량이 조금씩 줄어드는 것을 알 수 있다. 특히 약볶음일 때는 녹아나올 수 있는 고형성분량이 가장 많아 추출 방식에 상관없이 높게 나타나는 것을 볼 수 있다.

투과 방식에서도 볶음도가 강해질수록 고형성분량이 낮아짐을 보여주다가 강강볶음에서는 고형성분량이 다시 높게 나타났다. 이는 커피 조직의 상태가 추출이 가장 손쉬운 상태이기 때문에 추출 방식의 영향을 크게 받은 것으로 여겨진다.

③ 추출 방식을 달리하였을 때, 로스팅 상태에 따른 추출 수율의 차이

추출 수율(%)	#70약	#60중	#50약강	#40강강
투과(커피의 6배 물 사용)	14.72	14.42	13.82	15.34
침지(커피의 6배 물 사용)	8.54	7.99	7.63	7.05

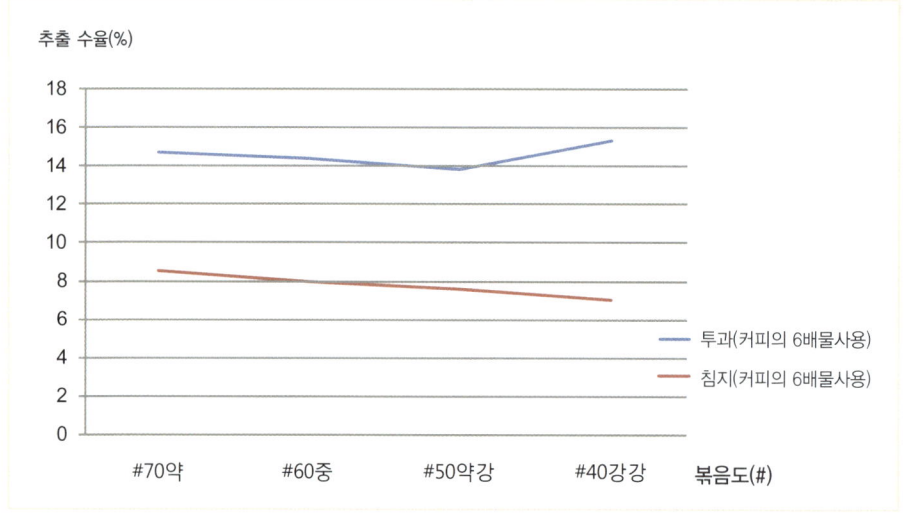

추출 방식을 달리하였을 때, 로스팅 상태에 따른 추출 수율의 차이를 살펴보면 앞서 살펴본 고형성분량의 변화와 비슷한 변화를 보여 주고 있다.

커피 지도사 1급

6) 로스팅 실험 정리

(1) 로스팅 상태(볶음도 또는 로스팅 시간)에 따라 미치는 영향 정리

(2) 로스팅 상태에 따른 추출력의 차이 : 추출력 (높고 / 낮음) 중에서 체크

■ 침지 방식으로 추출하였을 때

변수		추출력(고)	추출력(저)	향미(대표적 특징)의 비교
로스팅 상태	40±3			
	50±3			
	60±3			
	70±3			
로스팅 시간	8±1			
	12±1			
	16±1			
로스팅 상태와 로스팅 시간과의 관계	40±3 · 8±1			
	40±3 · 12±1			
	40±3 · 16±1			
	50±3 · 8±1			
	50±3 · 12±1			
	50±3 · 16±1			
	60±3 · 8±1			
	60±3 · 12±1			
	60±3 · 16±1			
	70±3 · 8±1			
	70±3 · 12±1			
	70±3 · 16±1			

■ 투과 방식으로 추출하였을 때

변수(완전 투과)		추출력(고)	추출력(저)	향미(대표적 특징)의 비교
로스팅 상태	40±3			
	50±3			
	60±3			
	70±3			
로스팅 시간	8±1			
	12±1			
	16±1			
로스팅 상태와 로스팅 시간과의 관계	40±3	8±1		
		12±1		
		16±1		
	50±3	8±1		
		12±1		
		16±1		
	60±3	8±1		
		12±1		
		16±1		
	70±3	8±1		
		12±1		

커피 지도사 1급

CHAPTER 7

커피 추출 실무 Ⅰ

도구 활용 실험(사이폰)

목표

- 본 장은 앞에서 설명한 브루잉의 기본적인 이해를 바탕으로 도구를 활용하여 추출한다.
- 다양한 추출 도구 중 '세계 대회(WSC)[1]'가 개최되고 있는 사이폰을 이용한 실험 방법을 알아보도록 한다.

도구 활용 실험
– 사이폰

1. 사이폰 도구의 개요

오늘날 우리가 흔히 사용하고 있는 하부 포트와 상부 포트가 로드로 연결된 형태의 사이폰은 로버트 네이피어(Robert Napier)가 개발한 사이폰의 원형인 진공식 추출 기구와는 그 형태가 다르다. 이 기구는 하부 플라스크를 가열하면 가열된 물이 액체에서 기체로 변화를 일으킨다. 하부 플라스크 속에서 물 위의 한정된 공간에서 기체 상태가 된 수증기들은 아래쪽 물을 누르기 시작한다. 물은 로드를 통하여 수증기 쪽보다 압력이 낮은 곳으로 이동하게 된다. 상부 플라스크로 이동하는 물의 온도는 이때 결정된다. 하부 플라스크의 수증기가 포화 상태가 될 때까지 하부 플라스크의 물은 상부 플라스크로 이동한다. 로드를 통해 상부 플라스크로 이동한 물은 커피와 만나면서 커피 성분이 용해되어 추출되기 시작한다. 상부 플라스크에서 커피와 물이 접촉하는 시간이나 교반을 통해 커피의 추출 정도를 조절할 수 있다. 하부 플라스크에서 열원을 제거하면 하부 플라스크 내부 온도가 내려가면서 수증기는 에너지를 외부로 뺏기면서 다시 물 분

---

29) WSC(World Siphonist Championship) : 일본 스페셜티 커피 협회(SCAJ: Specialty Coffee Association Japan)에서 개최하는 대회로 세계 각국에서 우승한 국가대표들이 참가하여 챔피언 1인을 선출한다.

자로 환원되어 부피의 감소를 일으킨다. 하부 플라스크는 상부 플라스크보다 내부 압력이 낮아지게 된다. 이때부터 상부 플라스크에서 추출된 커피 용액이 다시 압력이 낮은 하부 플라스크 쪽으로 이동하게 된다. 커피 용액이 하부 플라스크로 모두 이동하게 되면 로드에 연결된 상부 플라스크를 제거하고 커피 용액을 잔이나 서버에 제공한다.

상부 플라스크 : 커피 담는 용기

하부 플라스크 : 물 담는 용기

스탠드

알코올 램프

2. 실험 내용

1) 실험 목표

커피, 물 등의 다양한 추출 조건을 달리하였을 때, 추출력과 향미의 차이를 알고자 한다. 실험은 각자 테스트하여 그 결과를 직접 기재하고 해석해 보자.

커피 지도사 1급

2) 실험 내용

(1) 커피의 상태에 따른 실험

    ① 실험 A : 커피의 3가지 로스팅 상태에 따른 추출력과 향미의 차이

    ② 실험 B : 커피의 3가지 분쇄도 정도에 따른 추출력과 향미의 차이

    ③ 실험 C : 사용하는 커피양에 따른 추출력과 향미의 차이

(2) 물의 조건 실험

    ① 실험 D : 사용하는 물의 양에 따른 추출력과 향미의 차이

    ② 실험 E : 침지 시간에 따른 추출력과 향미의 차이

(3) 기타 조건 실험

    ① 실험 F : 젓는 횟수(교반)에 따른 추출력과 향미의 차이

    ② 실험 G : 커피 투입 시점에 따른 추출력과 향미의 차이

3) 실험 실전

■ 커피의 상태에 따른 실험

(1) 실험 A

    : 로스팅 상태에 따른 추출력과 향미의 차이

🫘 준비물

사이폰 3개, 사이폰필터 3개, 스틱, 열원 3개, 전기포트, 온도계, 스톱워치, 저울(최소 눈금 0.1g), 커핑스푼 또는 시음잔, 분쇄된 커피, TDS기기

🫘 실험 도구

커피 원두		물과 만나는 상태	
볶음도	약(Agtron # 70±3) 중(# 60±3) 약강(# 50±3)	**사용 온도**	상온
볶음 시간	8분 / 9분 / 11분	**사용 물양**	120g
분쇄 정도	중간 분쇄(0.5~0.7mm사이)	**침지 시간**	30초
사용 커피양	10g		

🫘 실험 방법

① 로드에 필터를 넣고, 필터에 달려 있는 체인을 당긴 다음 클립을 로드 끝에 끼운다. 스틱을 이용해서 필터의 위치를 제대로 잡아 준다. 사이폰 3개를 준비한다.

② 하부 플라스크에 물 120g을 각각 채운다.

③ 분쇄한 커피(약 / 중약 / 중)를 상부 플라스크에 각각 담는다.

④ 열원에 불을 붙인 후 하부 플라스크 아래에 놓고 물을 끓인다.

⑤ 물이 끓으면 상부 플라스크를 하부 플라스크에 장착한 후 스틱을 이용해 3~4번 정도 빠르게 섞는다.

⑥ 30초가 지난 뒤 열원을 끄면 상부 플라스크의 커피 용액이 로드를 통해 하부 플라스크로 이동한다.

⑦ 추출 용액이 하부 플라스크에 모두 내려오면 상부 플라스크를 분리한다.

⑧ 추출된 커피 용액을 25℃가 되게 식힌 후 TDS값을 측정한다.

⑨ 나머지 용액으로 시음한다.

①

②

커피 지도사 1급

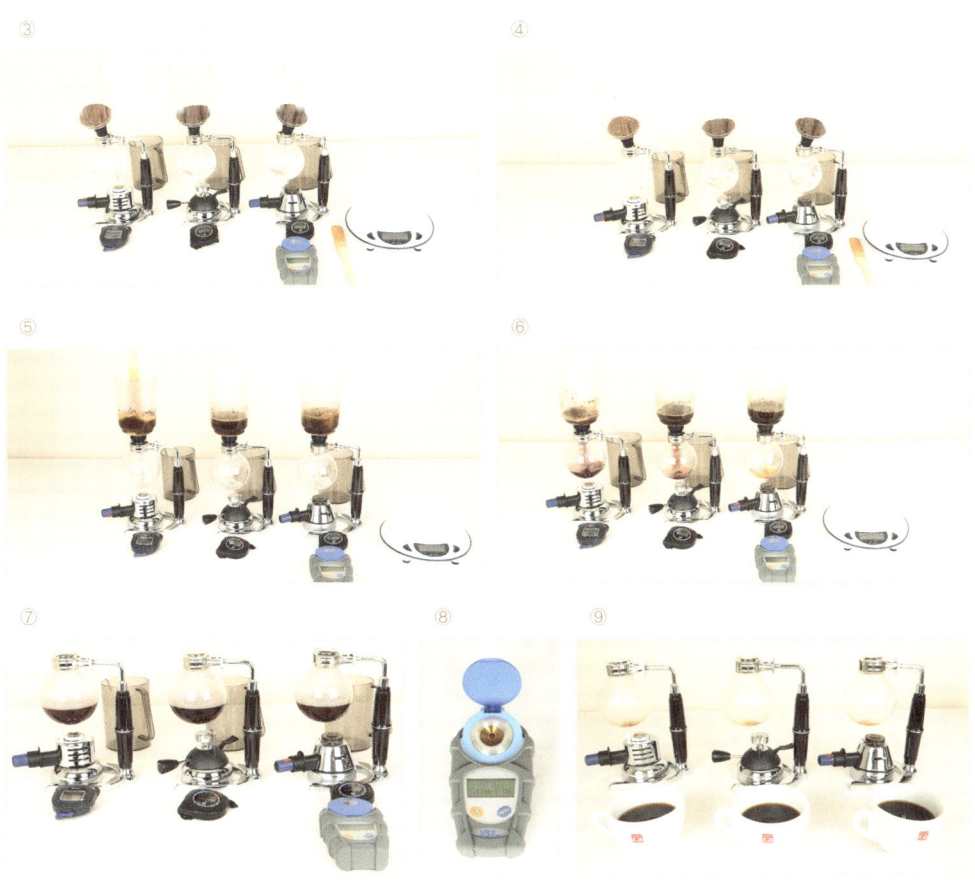

🫘 실험 결과 데이터

볶음도(#)	50±3	60±3	70±3
추출 액량(ml)			
추출액 TDS(%)			
고형물 함량(g)			
추출 수율(%)			
향미			

(2) 실험 B

: 커피의 분쇄도 정도에 따른 추출력과 향미의 차이

🫘 준비물

사이폰 3개, 사이폰필터 3개, 스틱, 열원 3개, 전기포트, 온도계, 스톱워치,
저울(최소 눈금 0.1g), 커핑스푼 또는 시음잔, 분쇄된 커피, TDS기기

🫘 실험 도구

	커피 원두		물과 만나는 상태
볶음도	중볶음(Agtron #60±3)	사용 온도	상온
볶음 시간	8분	사용 물양	120g
분쇄 정도	고운(Fine) / 중간(Regular) / 굵은(Coarse)분쇄	침지 시간	30초
사용 커피양	10g		

🫘 실험 방법 (실험 A 참조)

① 로드에 필터를 넣고, 필터에 달려 있는 체인을 당긴 다음 클립을 로드 끝에 끼운
다. 스틱을 이용해서 필터의 위치를 제대로 잡아 준다. 사이폰 3개를 준비한다.

② 하부 플라스크에 물 120g을 각각 채운다.

③ 분쇄한 커피(Fine / Regular / Coarse)를 상부 플라스크에 각각 담는다.

④ 열원에 불을 붙인 후 하부 플라스크 아래에 놓고 물을 끓인다.

⑤ 물이 끓으면 상부 플라스크를 하부 플라스크에 장착한 후 스틱을 이용해 3~4번
정도 빠르게 섞는다.

⑥ 30초가 지난 뒤 열원을 끄면 상부 플라스크의 커피 용액이 로드를 통해 하부 플
라스크로 이동한다.

⑦ 추출 용액이 하부 플라스크에 모두 내려오면 상부 플라스크를 분리한다.

⑧ 추출된 커피 용액을 25℃가 되게 식힌 후 TDS값을 측정한다.

⑨ 나머지 용액으로 시음한다

🫘 실험 결과 데이터

분쇄도	Fine	Regular	Coarse
추출 액량(ml)			
추출액 TDS(%)			
고형물 함량(g)			
추출 수율(%)			
향미			

(3) 실험 C

: 사용하는 커피양에 따른 추출력과 향미의 차이

🫘 준비물

사이폰 3개, 사이폰필터 3개, 스틱, 열원 3개, 전기포트, 온도계, 스톱워치,
저울(최소 눈금 0.1g), 커핑스푼 또는 시음잔, 분쇄된 커피, TDS기기

🫘 실험 도구

커피 원두		물과 만나는 상태	
볶음도	중볶음(Agtron #60±3)	사용 온도	상온
볶음 시간	8분	사용 물양	120g
분쇄 정도	중간 분쇄(Regular)	침지 시간	30초
사용 커피양	10g / 15g / 20g		

실험 방법 (실험 A 참조)

① 로드에 필터를 넣고 필터에 달려 있는 체인을 당긴 다음 클립을 로드 끝에 끼운다. 스틱을 이용해서 필터의 위치를 제대로 잡아 준다. 사이폰 3개를 준비한다.

② 하부 플라스크에 물 120g을 각각 채운다.

③ 분쇄한 커피(10g / 15g / 20g)를 상부 플라스크에 각각 담는다.

④ 열원에 불을 붙인 후 하부 플라스크 아래에 놓고 물을 끓인다.

⑤ 물이 끓으면 상부 플라스크를 하부 플라스크에 장착한 후 스틱을 이용해 3~4번 정도 빠르게 섞는다.

⑥ 30초가 지난 뒤 열원을 끄면 상부 플라스크의 커피 용액이 로드를 통해 하부 플라스크로 이동한다.

⑦ 추출 용액이 하부 플라스크에 모두 내려오면 상부 플라스크를 분리한다.

⑧ 추출된 커피 용액을 25℃가 되게 식힌 후 TDS값을 측정한다.

⑨ 나머지 용액으로 시음한다.

실험 결과 데이터

분쇄도	10g	15g	20g
추출 액량(ml)			
추출액 TDS(%)			
고형물 함량(g)			
추출 수율(%)			
향미			

🫘 커피 조건에 따른 추출력의 변화 및 향미 특징

변수		추출력(높음)	추출력(낮음)	향미(대표적 특징)
로스팅 상태	약볶음일수록			
	강볶음일수록			
분쇄도 정도	고운 분쇄일수록			
	굵은 분쇄일수록			
사용하는 커피의 양	많을수록			
	적을수록			

■ 물의 조건 실험

(1) 실험 D

: 사용하는 물의 양에 따른 추출력과 향미의 차이

🫘 준비물

사이폰 2개, 사이폰필터 2개, 교반스틱, 열원 2개, 전기포트, 온도계, 스톱워치, 저울(최소 눈금 0.1g), 커핑스푼 또는 시음잔, 분쇄된 커피, TDS기기

🫘 실험 도구

커피 원두		물과 만나는 상태	
볶음도	중볶음(Agtron #60±3)	사용 온도	상온
볶음 시간	8분	사용 물양	사용하는 커피양의 10배 / 15배
분쇄 정도	중간 분쇄	침지 시간	30초
사용 커피양	10g		

🫘 실험 방법 (실험 A 참조)

① 로드에 필터를 넣고, 필터에 달려 있는 체인을 당긴 다음 클립을 로드 끝에 끼운다. 스틱을 이용해서 필터의 위치를 제대로 잡아 준다. 사이폰 2개를 준비한다.

② 하부 플라스크에 물 100g과 150g을 각각 채운다.

③ 분쇄한 커피 10g을 상부 플라스크에 각각 담는다.

④ 열원에 불을 붙인 후 하부 플라스크 아래에 놓고 물을 끓인다.

⑤ 물이 끓으면 상부 플라스크를 하부 플라스크에 장착한 후 스틱을 이용해 3~4번 정도 빠르게 섞는다.

⑥ 30초가 지난 뒤 열원을 끄면 상부 플라스크의 커피 용액이 로드를 통해 하부 플라스크로 이동한다.

⑦ 추출 용액이 하부 플라스크에 모두 내려오면 상부 플라스크를 분리한다.

⑧ 추출된 커피 용액을 25℃가 되게 식힌 후 TDS값을 측정한다.

⑨ 나머지 용액으로 시음한다.

🫘 실험 결과 데이터

사용 하는 물양	커피양의 10배	커피양의 15배
추출 액량(ml)		
추출액 TDS(%)		
고형물 함량(g)		
추출 수율(%)		
향미		

(2) 실험 E

: 침지 시간에 따른 추출력과 향미의 차이

🫘 **준비물**

사이폰 3개, 사이폰필터 3개, 스틱, 열원 3개, 전기포트, 온도계, 스탑워치,
저울(최소 눈금 0.1g), 커핑스푼 또는 시음잔, 분쇄된 커피, TDS기기

🫘 **실험 도구**

커피 원두		물과 만나는 상태	
볶음도	중볶음(Agtron #60±3)	**사용 온도**	상온
볶음 시간	8분	**사용 물양**	120g
분쇄 정도	중간 분쇄	**침지 시간**	30초 / 1분 / 2분
사용 커피양	10g		

🫘 **실험 방법** (실험 A 참조)

① 로드에 필터를 넣고, 필터에 달려 있는 체인을 당긴 다음 클립을 로드 끝에 끼운
다. 스틱을 이용해서 필터의 위치를 제대로 잡아 준다. 사이폰 3개를 준비한다.

② 하부 플라스크에 물 120g을 각각 채운다.

③ 분쇄한 커피를 상부 플라스크에 각각 담는다.

④ 열원에 불을 붙인 후 하부 플라스크 아래에 놓고 물을 끓인다.

⑤ 물이 끓으면 상부 플라스크를 하부 플라스크에 장착한 후 스틱을 이용해 3~4번
정도 빠르게 섞는다.

⑥ 30초(또는 1분 / 2분)가 지난 뒤 열원을 끄면 상부 플라스크의 커피 용액이 로드를
통해 하부 플라스크로 이동한다.

⑦ 추출 용액이 하부 플라스크에 모두 내려오면 상부 플라스크를 분리한다.

⑧ 추출된 커피 용액을 25℃가 되게 식힌 후 TDS값을 측정한다.

⑨ 나머지 용액으로 시음한다.

🫘 실험 결과 데이터

사용 하는 물양	30초	1분	2분
추출 액량(ml)			
추출액 TDS(%)			
고형물 함량(g)			
추출 수율(%)			
향미			

🫘 물의 조건에 따른 추출력의 변화 및 향미 특징

변수		추출력(높음)	추출력(낮음)	향미(대표적 특징)
사용하는 물의 양	많을수록			
	적을수록			
침지 시간	길수록			
	짧을수록			
사용하는 물의 양과 시간과의 관계	물–많음			
	시간–짧음			
	물–많다			
	시간–길다			
	물–적다			
	시간–짧다			
	물–적다			
	시간–길다			

커피 지도사 1급

■ 기타 조건 실험

(1) 실험 F
  : 교반 스틱으로 젓는 횟수에 따른 추출력과 향미의 차이

🫘 준비물

사이폰 2개, 사이폰필터 2개, 스틱, 열원 2개, 전기포트, 온도계, 스톱워치,
저울(최소 눈금 0.1g), 커핑스푼 또는 시음잔, 분쇄된 커피, TDS기기

🫘 실험 도구

	커피 원두		물과 만나는 상태
볶음도	중볶음(Agtron #60±3)	사용 온도	상온
볶음 시간	8분	사용 물양	120g
분쇄 정도	중간 분쇄	침지 시간	30초
사용 커피양	10g	젓는 횟수	• 1회 : 상부 포트로 물이 모두 올라 오면 젓기 • 2회 : 상부 포트로 물이 모두 올라 오면 젓기 / 하부 포트로 물이 내려가기 직전에 젓기

🫘 실험 방법 (실험 A 참조)
  ① 로드에 필터를 넣고, 필터에 달려 있는 체인을 당긴 다음 클립을 로드 끝에 끼운
     다. 스틱을 이용해서 필터의 위치를 제대로 잡아 준다. 사이폰 2개를 준비한다.
  ② 하부 플라스크에 물 120g을 각각 채운다.
  ③ 분쇄한 커피를 상부 플라스크에 각각 담는다.
  ④ 열원에 불을 붙인 후 하부 플라스크 아래에 놓고 물을 끓인다.
  ⑤ 물이 끓으면 상부 플라스크를 하부 플라스크에 장착한 후 상부 플라스크로 물

이 모두 올라오면 스틱을 이용해 3~4번 정도 빠르게 1회 섞는다.

⑥ 30초가 지난 뒤 열원을 끄면 (2회 젓기 경우라면 이때, 불을 끈 후 스틱을 이용해 3~4번 정도 2회째 섞는다*.) 상부 플라스크의 커피 용액이 로드를 통해 하부 플라스크로 이동한다.

⑦ 추출 용액이 하부 플라스크에 모두 내려오면 상부 플라스크를 분리한다.

⑧ 추출된 커피 용액을 25℃가 되게 식힌 후 TDS값을 측정한다.

⑨ 나머지 용액으로 시음한다.

- 열원을 끄고 2차 교반까지 하게 되면 커피 찌꺼기는 봉긋한 모양으로 남는다.

🫘 실험 결과 데이터

사용 하는 물양	1회 젓기	2회 젓기
추출 액량(ml)		
추출액 TDS(%)		
고형물 함량(g)		
추출 수율(%)		
향미		

(2) 실험 G

; 커피와 물이 만나는 시점(물이 상부 플라스크로 모두 올라온 후)에서 분쇄도 정도에
따른 추출력과 향미의 차이

🫘 준비물

사이폰 3개, 사이폰필터 3개, 스틱, 열원 3개, 전기포트, 온도계, 스톱워치,
저울(최소 눈금 0.1g), 커핑스푼 또는 시음잔, 분쇄된 커피, TDS기기

🫘 실험 도구

커피 원두		물과 만나는 상태	
볶음도	약(Agtron #70±3) 중(Agtron #60±3) 약강(Agtron #50±3)	**사용 온도**	상온
볶음 시간	8분 / 9분 / 11분	**사용 물양**	120g
분쇄 정도	중간 분쇄	**침지 시간**	30초
사용 커피양	10g	**커피 투입 시점**	상부 포트에 물이 모두 올라온 후 커피 투입

🫘 실험 방법

① 로드에 필터를 넣고, 필터에 달려 있는 체인을 당긴 다음 클립을 로드 끝에 끼운
다. 스틱을 이용해서 필터의 위치를 제대로 잡아 준다. 사이폰 3개를 준비한다.

② 하부 플라스크에 물 120g을 각각 채운 후 상부 플라스크를 장착한다.

③ 물이 끓어서 상부 플라스크에 모두 올라오면

④ 분쇄한 커피(약 / 중약 / 중)를 상부 플라스크에 담고 스틱을 이용해 3~4번 정도 빠
르게 섞는다.

⑤ 30초가 지난 뒤 열원을 끄면 상부 플라스크의 커피 용액이 로드를 통해 하부 플
라스크로 이동한다. 추출 용액이 하부 플라스크에 모두 내려오면 상부 플라스
크를 분리한다.

⑥ 추출된 커피 용액을 25℃가 되게 식힌 후 TDS값을 측정한다.

⑦ 나머지 용액으로 시음한다.

🫘 실험 결과 데이터

원두 투입 시점	50±3	60±3	70±3
추출 액량(ml)			
추출액 TDS(%)			
고형물 함량(g)			
추출 수율(%)			
향미			

4) 기타 실험 정리

1) 추출력의 변화 및 향미 특징

변수		추출력(높음)	추출력(낮음)	향미(대표적 특징)
교반스틱 젓는 횟수	많을수록			
	적을수록			
물과 커피가 만나는 시점*	실험 A			
	실험 G			

■ 물과 커피가 만나는 시점에 관한 실험은 실험 A와 실험 G를 비교하여 생각해 보아야 한다.

실험 A(하부 플라스크에 담긴 물이 끓인 후 커피가 담긴 상부 플라스크를 장착한다. 로드를 통해 물이 상부 플라스크로 올라가 커피와 물이 만나게 되는 방식)과 실험 G(하부 플라스크에 담긴 물이 장착되어 있는 빈 상부 플라스크에 모두 올라가면 이때 커피를 투입하여 물과 만나게 하는 방식)를 비교하여 살펴보자.

CHAPTER 8

커피 추출 실무 II

- 추출 설계 방법에 대한 이해
- 추출 설계 방법에 대한 적용 실습

목표

- 원하는 향미의 커피 한잔을 만들기 위한 커피 추출 설계 방법을 이해한다.
- 설계한 커피 추출 방법을 적용해 보고 수정하며 완성해 본다.

추출 설계 방법에 대한 이해

본 장은 앞에서 설명한 브루잉의 기본적인 이해를 바탕으로 추출 설계를 진행한다. 이를 위하여 브루잉의 기본 개념을 한 번 더 정리하여 이해를 돕고자 한다.

1. 커피 추출의 기본 원리 이해

1) 분쇄도 선택

날 간격 0.7mm~1.0mm를 기준으로 그보다 작으면 고운 분쇄, 크면 굵은 분쇄로 본다. 곱게 분쇄할 경우, 커피 입자의 표면적이 넓어지게 되므로 표면에서 쉽게 떨어지듯이 추출되는 성분이 많아지고 제어하기가 어려워진다. 따라서 거칠고 탁한 느낌이 커질 수 있다. 굵게 분쇄하면 상대적으로 표면적이 작아지고 표면에서의 추출 성분보다 분쇄 입자 내부에서 확산되어 나오는 성분의 비율이 높아지므로 거칠고 탁한 감촉이 줄어들고 깨끗하고 좀 더 정제된 듯한 맛이 나타난다.

2) 추출 방식에 의한 도구 선택

침지 또는 투과 추출 원리에 따른 특성으로 도구를 사용하는 모든 추출에서 침지 혹은 투과 원리가 작용한다. 침지 추출에서는 사용하는 커피 전체에서 고른 추출이 동시에 진행되고, 투과에서는 공간적 층과 시간적 층이 발생한다. 따라서 침지 원리에 의하여 추출된 커피는 비교적 고른 맛을 가지게 되고, 투과 원리에 의해 추출된 커피는 안정적이지 못한 추출로 향기나 맛이 복잡해진다.

3) 커피와 물의 교차 조건

분쇄 커피와 물이 만나는 교차 조건을 원하는 향미 특성에 맞도록 선택한다.

(1) 물 온도

추출을 위한 물은 92~96℃를 기준으로 낮거나 높게 선택한다. 온도가 낮아지면 침투성도 약해지고 추출력도 약해진다. 높을 경우, 침투성과 추출력이 강해져서 맛이 강하게 발현된다. 따라서 약볶음 커피라면 고온의 물로 추출함으로써 단맛을 강하게 끌어낼 수 있고, 강볶음의 커피라면 조금 낮은 온도의 물을 사용함으로써 쓴맛을 억제할 수 있다.

(2) 물양

물로 추출할 경우, 8~12배를 기준으로 적거나 많이 사용한다. 추출에 사용하는 물이 적으면 확산 속도가 느려지며 확산력도 약해지고, 많으면 반대의 현상이 일어나서 강한 신맛이나 쓴맛이 강력해진다. 과다 추출은 필요 이상의 성분이 추출되어 강한 자극의 신맛이 나타나게 된다. 반면 지나치게 적은 물을 사용하면 신맛이 너무 약해져서 밋밋하게 느껴질 수도 있는데, 이 경우는 과소 추출이라 할 수 있다.

(3) 시간

뜨거운 물 추출일 경우, 4~6분을 기준으로 한다. 너무 짧은 시간에 추출하면 표면 추출이 강하게 일어나서 전체적으로 묽고, 표면으로부터 떨어져 나온 불용성 성분에 의한 촉감과 거칠고 탁한 느낌이 강해진다. 시간이 길어지면 입자 내부 성분의 추출이 많이 진행되어 풍성한 느낌을 가질 수 있다.

4) 추출 수율, 성분비, 농도와 음용 온도

추출 설계는 원하는 향미를 내기 위하여, 볶아진 커피의 성질을 바탕으로 추출 수율과 녹아 나온 커피 성분의 특성에 의해 결정되고, 이는 또한 음용 농도와 온도에 의해 다르게 느껴지게 된다.

(1) 추출 수율

추출 수율은 커피 향미의 선호도를 결정하는 가장 중요한 요소이다. 수율은 사용한 커피로부터 추출된 고형물 총량으로 결정된다. 고형물은 수용성과 불용성으로 나뉘며, 맛에 직접적으로 영향을 미치는 성분은 커피액에 녹아있는 수용성 고형물이지만, 추출 수율이 맛의 성질을 결정하는 것은 아니다. 수용성 성분이 액체 상태로 혀의 미뢰에 도달하였을 때 맛으로 느껴지며, 추출 조건에 따라 그 성분들의 비율이 달라진다.

(2) 성분비

분쇄도, 추출 원리, 커피와 물의 교차 조건 등에 따라 추출 수율과 추출 성분의 조성이 달라진다. 조성되는 성분은 영양 성분과 방어체계 성분의 비율로 구성되며 향미에 영향을 미치게 된다. 즉, 영양 성분인 탄수화물, 단백질과 일부 유기산은 향미에 좋은 느낌을 주며, 방어체계인 클로로겐산, 트리고넬린 등과 또 다른 일부 유기산은 부정적인 느낌을 준다. 추출 기술은 커피 입자로부터 이런 성분들을 원하는 방향대로 이끌어내는 기술이라고 할 수 있다.

(3) 음용 농도

마시는 순간의 농도는 커피의 특성, 음용 환경의 영향을 받는다. 즉, 커피의 로스팅 상태에 따른 성분 및 추출된 성분과 개인의 기호와 마시는 순간의 조건, 환경 등에 의하여 정해진다.

로스팅이 약하면 클로로겐산이 많이 남아 있으며, 그로 인하여 떫거나 신맛(Sour)이 강하게 느껴진다. 이를 줄이기 위해서는 묽게 마신다. 강볶음의 커피에는 클로로겐산이 줄었으나 쓴맛은 증가하였고, 잡맛이 없으므로 진하게 음용하는 것이 가능할 것이다. 어떤 경우든 농도가 진하면 바디도 강하게 느껴진다.

(4) 음용 온도

신맛, 단맛이나 쓴맛은 음용 온도에 의해서도 다르게 느껴진다. 사람의 체온을 중심으로 온도가 높고 낮게 느끼므로, 커피 온도가 지나치게 높거나 낮으면 맛을 정확하게 느끼는 것이 어려워진다. 단맛은 특히 체온보다 10℃ 정도만 높거나 낮아도 현저하게 약하게 느껴진다. 쓴맛은 높은 온도에서 잘 느껴지지 않기 때문에 강볶음 커피를 즐기는 사람은 뜨거운 커피를 좋아하는 경향이 있다.

2. 추출 시간과 추출 액량에 따른 성분 변화와 선호도

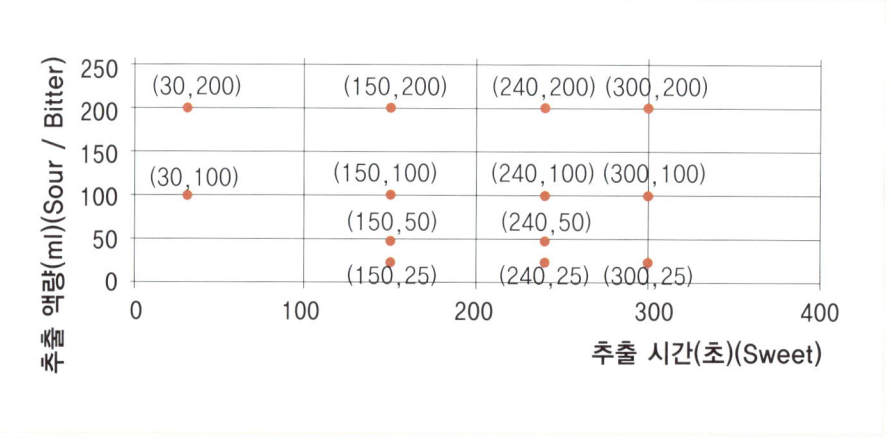

1) 사용하는 커피의 양과 사용할 물의 비율은 동시에 고려해야 한다. 사용하는 커피 양의 비율이 높으면 추출이 진행되는 과정의 온도는 낮아진다.

2) 추출 액량이 많으면 신맛(Sour)과 쓴맛(Bitter)의 특성이 강한 성분들이 많아진다. 추출 시간은 길수록 단맛(Sweet)을 느끼도록 하는 성분이 많이 용해되어 추출되고, 시간이 짧으면 가용물의 충분한 추출이 불가능하다. 따라서 표에서 X축, Y축(추출 시간, 추출 액량)이 (30,200)인 커피 용액은 단맛이 부족하며 쓴신맛이 강한 특징이 있다. (300,25)인 커피 용액은 달콤 구수한 맛이 뛰어나며 쓴신맛이 두드러지지 않는 향미를 나타낸다.

커피 지도사 1급

3) 전체적으로 추출 온도와 추출 시간, 추출 액량은 상호 보완적이다. 추출 온도가 낮은 경우는 추춘 시간은 길게 하여 용진이 비율을 높여 주면 된다. 추출 온도와 추출 시간의 관계에서는 열수의 경우는 약 3분 정도의 시간이 필요하나 상온(20~25℃)의 표준 온도일 경우는 12시간의 시간이 걸린다. 만약, 즉석 추출을 원할 경우는 대부분 열수로 추출을 한다.

3. 커피 맛의 형성 원인과 추출 특성

커피의 3대 맛	조절할 수 있는 상세 분류	형성 원인	선호도	추출 특성	비고
신맛 (Sour)	상큼한 느낌의 좋은 신맛 → 신단맛	그린커피에 형성되어 있던 유리산 등의 요소가 로스팅에 의해 날아가거나 남아서 나타남.	좋음	매우 잘 추출됨. 물만 만나면 추출되어 나오는 듯.	물만 만나면 추출되므로 추출할 때 조절에 신경 쓸 필요가 없음.
	강하거나 이취를 느끼게 하는 자극적 신맛	지방산 등 쉽게 추출되지 않는 성분들과 클로로겐산 분해에 의해 형성되는 카페산이나 퀸산 등으로부터 느낄 수 있는 맛인 듯.	많아지면 부정적	고온의 물에 의해 액량이 과다하게 추출되었을 때만 나타남.	약간의 추출은 피할 수 없으나 많아지면 부정적. 추출한 지 오래되면 나타남.
달콤 구수한 맛 (Sweet)	단맛	커피에 원래 있던 유리당이나 아미노산 등이 주 구성원인데, 강볶음으로 진행되면 분자들이 뭉쳐져서 커지면서 검은색을 띠며, 구수한 맛이나 쓴맛으로 변함.	좋음	반드시 고온의 물로 추출해야 함.	이 맛이 부족하면 신맛이나 쓴맛, 잡맛 등 부정적 요소들이 두드러지게 느껴져서 전체 맛을 부정적으로 만듦.
	구수한 맛	단백질 지방 탄수화물 등 각종 영양요소들로부터 느낄 수 있는 맛인 듯. 로스팅에 의해 잘 사라지지 않기 때문에 볶음이 강해져도 살아남는 특성.	좋음	대체로 추출이 진행되는 시간이 길어졌을 때 강해짐.	단맛과 어우러져서 전체적으로 풍성한 느낌을 주기도 하며, 단맛이 부족한 강볶음 커피에서는 반드시 강조해야 할 요소.
쓴맛 (Bitter)	잡맛	달콤하고 구수한 느낌을 주는 요소들 외에 각종 방어기작 등을 포함한 여러 요소들로부터 느낄 수 있는 맛. 로스팅에 의해 크게 영향을 받음.	부정적	모든 맛 요소들 가운데 가장 쉽게 추출됨.	추출에서는 조절할 수 없을 정도로 쉽게 나오는 요소이지만, 맛의 역치가 매우 높아서 일정 농도로 떨어지면 느끼기 어려움.
	쓴(신)맛	강볶음에 의해 타거나 분자값이 커진 성분들과 클로로겐산 분해에 의해 형성된 카페산이나 퀸산 등이 많아지면 신맛보다는 강렬한 자극의 쓴맛이 나타나는 듯.	부정적	강볶음의 커피에서만 나타난다고 볼 수 있으며, 추출수의 온도가 높을 때 나타남.	추출 온도를 낮춤으로써 조절할 수 있는 맛이지만 지나치면 단맛도 느껴지지 않으므로 쓴신맛은 나오지 않더라도 단맛은 나올 수 있도록 주의하여 추출.

• 출처 : 이정기 선생님(한국커피협회 전 회장)의 이론을 정리

추출 설계 방법에 대한 적용 실습

추출 설계는 계획한 향과 맛에 적합한 성분을 추출할 수 있도록 조건을 선택하는 것이다. 여기서 중요한 점은 다양한 조건에 따라 나타나는 향미의 특성을 먼저 이해하고 있어야 한다는 것이다. 이는 반드시 실험과 경험에 의하여 알 수 있는 것이다. 이론 및 데이터만으로 이해하는 것은 한계가 있다. 즉, 원하는 향미를 선택적으로 추출하기 위해서는 실험을 통하여 결과를 체험하고 기억하며, 잘 정리하여 이해하는 것이 무엇보다 중요하다.

추출 설계를 생각하고 계획하는 방법은 다음에서 제시하는 문제 해결 방식과 가설 세우는 방식에 따라 진행해 볼 수 있다. 먼저 제시되는 문제에 해답을 찾아가는 문제 해결 방식을 익히고 난 후 스스로 문제를 제기해 보는 가설 세우기 방식으로 심화하는 것이 효율적일 것이다.

1. 문제 해결 방식

다양하게 제시된 예시 문제의 해결책을 찾아가는 방식이다. 먼저 문제에 대한 해답을 여러 방법으로 구상해 보고 난 후 해결책을 계획하여 설계한다. 설계된 해결책에 따라 실험해 보고 그 결과의 값을 분석해 본다. 만약 원하는 목표와 차이가 난다면 그 원인을 찾아 이전 해결책을 수정하고 재실험해야 한다. 이러한 과정을 반복하여 실행하며 원하는 목표에 다다르게 하는 방식이다.

예를 들어, 원하는 향미를 가지는 커피의 농도와 커피 한 잔의 양을 제시한다. 이 커피를 만들기 위한 추출 방법을 설계해 보고 이 설계대로 추출된다면 예상되는 커피의 향미를 생각하게 한다. 그 후 예상한 추출 방법대로 실제로 실습한 후 원하는 답과 일치하는지 또 추구하는 커피 향미를 구사하는지를 판단하게 한다. 만약 다르다면 처음 생각을 수정해야 한다. 수정된 추출 방법을 적용하여 재실험하고 그 결과를 다시 재조명해 보아야 한다. 이러한 과정을 반복하며 해결책을 찾아 나가는 것이다.

1) 실전 예제 A

약볶음 커피 15g을 끓는 물을 사용하여 농도 1.0의 커피 125ml를 만들려면, 분쇄 정도는 어떻게 해야 하고, 어떤 방식으로 추출할 것이며, 물 사용량을 얼마를 사용할 것인가? 또 추출된(희석 또는 추출 원액) 이 커피는 커피의 3대 맛(신맛, 단맛, 쓴맛)에서 어떤 맛(즉시 / 조금 식혀서 / 많이 식혀서)이 가장 강하게 나타날까?

🫘 진행 과정

약볶음 커피 15g을 (끓는 물) 사용하여 농도 1.0의 커피 125ml를 만들려면,

• 1차 생각 > 다양한 추출 조건에 따른 경우의 추출 방식을 구상한다.

	추출 방법	분쇄도	물 온도	사용 물양	추출 시간	추출 액량	농도	고형물	추출 수율	향미
A		Fine		약 150ml						
B	침지	Regular								
C		Coarse	끓인 물							
D	투과 (Pour Single Over)	Fine		약 140ml						
E		Regular								
F		Coarse								

커피 지도사 1급

- 1차 실험 > 1차 생각에 따라 실험한다.
- 1차 분석 > 그 결과값이 들어맞는지를 판단한다.
- 조건 수정> 만약 결과값이 다르다면 조건을 수정하여 다시 정리해 본다.

- 2차 생각> 앞의 수정 조건을 토대로 2차 추출을 재설계한다. 2차 실험도 진행하고 그
  결과값을 재분석한다. 이러한 과정을 반복하여 해답을 찾아간다.

	추출 방법	분쇄도	물 온도	사용 물량	추출 시간	추출 액량	농도	고형물	추출 수율	향미
A				약 ml						
B										
C										
D				약 ml						
E										
F										

2) 실전 예제 B

중강볶음 커피 20g을 끓는 물을 사용하여 농도 1.25의 커피 120ml를 만들려면, 분쇄
정도는 어떻게 해야 하고, 어떤 방식으로 추출할 것이며, 물 온도는 얼마로 설정해야
하며, 물 사용량을 얼마를 사용할 것인가? 또 추출된(희석 또는 추출 원액) 이 커피는 커피
의 3대 맛(신맛, 단맛, 쓴맛)에서 어떤 맛(즉시 / 조금 식혀서 / 많이 식혀서)이 가장 강하게 나타날까?

🫘 진행 과정
중강볶음 커피 20g을 (끓는 물) 사용하여 농도 1.25의 커피 120ml를 만들려면,

• 1차 생각> 추출 조건에 따른 경우의 방식 구상

	추출 방법	분쇄도	물 온도	사용 물양	추출 시간	추출 액량	농도	고형물	추출 수율	향미
A		Fine		약 ml						
B	침지	Regular								
C		Coarse								
D	투과 (Pour Single Over)	Fine	끓인 물	약 ml						
E		Regular								
F		Coarse								

• 1차 분석 > 결과값이 올바른지를 판단한다.
• 조건 수정 >

• 2차 생각 >

	추출 방법	분쇄도	물 온도	사용 물양	추출 시간	추출 액량	농도	고형물	추출 수율	향미
A				약 ml						
B										
C										
D				약 ml						
E										
F										

3) 실전 예제 C

가장 약한 볶음 커피 8g을 사용하여 농도 0.4 ~ 0.45의 커피 180ml를 만들려면, 분쇄 정도는 어떻게 해야 하고, 어떤 방식으로 추출할 것이며, 물 온도는 얼마로 설정해야 하며, 물 사용량을 얼마를 사용할 것인가? 또 추출된(희석 또는 추출 원액) 이 커피는 커피

커피 지도사 1급

의 3대 맛(신맛, 단맛, 쓴맛)에서 어떤 맛(즉시 / 조금 식혀서 / 많이 식혀서)이 가장 강하게 나타날까?

진행 과정

가장 약볶음 커피 8g을 사용하여 농도 0.4~0.45의 커피 180ml를 만들려면,

• 1차 생각> 추출 조건에 따른 경우의 방식 구상

	추출 방법	분쇄도	물 온도	사용 물양	추출 시간	추출 액량	농도	고형물	추출 수율	향미
A	침지	Fine	고	약 ml						
B		Regular	중							
C		Coarse	저							
D	투과 (Pour Single Over)	Fine	고	약 ml						
E		Regular	중							
F		Coarse	저							

• 1차 분석> 결과값이 올바른지를 판단한다.
• 조건 수정>

• 2차 생각>

	추출 방법	분쇄도	물 온도	사용 물양	추출 시간	추출 액량	농도	고형물	추출 수율	향미
A				약 ml						
B										
C										
D				약 ml						
E										
F										

4) 기타 다양한 실전 예제

중볶음 커피를 중간 분쇄하여 추출할 때 나타나는 다음 현상들을 채우시오.

회차	커피 사용량	목표 농도	제공 액량	추출 수율	향미 특징	분쇄도	추출 방법	물온도	추출 시간	물 사용량	추출 액량	농도	고형물	추출 수율	향미 특징
1	15g	1.25%	120ml												
2	20	1.25	120												
3	20	2	75												
4	30	1.3	240												
5	45	1	360												

- 향미의 특징은 Sour(신맛)-Sweet(달콤구수한 맛)-Bitter(쓴맛)로 나타낸다. 이는 커피 맛의 기본이므로 이 가운데 하나를 선택하여 상대적으로 특성을 표기하면 된다.

2. 가설 세우기 방식

앞선 문제 해결 방식이 익숙해지면 다음의 가설 세우는 방식을 활용한다. 다양한 추출에 대한 문제를 자신이 직접 출제하고 그 해결책을 찾아가는 방식이다. 즉, 추출 방식이나 향미를 미리 알고 생각하여 문제를 제시한다. 이러한 커피를 추출하기 위한 추출 설계를 계획한다. 그 설계에 따라 실험을 한 후 그 결과값에 분석한다. 그 결과에 따라 처음 문제 제기부터 설계된 방식까지 수정해 나가는 방식이다. 첫 단계인 문제를 스스로 제기하려면 추출 원리를 충분히 숙지하고 있어야 하며 그 원리의 변화까지 파악하고 있어야 한다. 따라서 앞의 문제해결 방식에 비해 심화 실습할 수 있는 장점이 있다.

커피 추출의 문제제기는 마시고 싶은 한 잔의 커피에서 부터 시작한다. 어떠한 향미를 가지고 있는지를 나타내는 커피의 향미 표현부터 시작해야 한다. 다음에 추출 설계를 위하여 좀 더 용이하도록 단계적으로 밟아가야 하는 순서를 제시하고 있다. 이 단계의 순서에 따라 진행해 보며 추출 설계 방법을 익히도록 하자.

1) 추출 설계 순서

(1) 추출 설계는 향미의 구체적인 표현으로부터 시작된다.

(2) 주어진 커피의 특성을 중심으로 설계하거나 표현된 원하는 향미를 위하여 커피를 선택한 후 설계할 수도 있다.
- '주어진 커피의 특성'은 그린커피 품종, 로스팅 정도 및 로스팅 시간을 고려해야 하며, '원하는 향미'는 향기와 맛(5味)을 구체적으로 제시하여야 한다. 그 순서는 아래의 '예제 1'이나 '예제 2' 중 어느 것을 사용해도 무방하다.
- 예제 1 : 먼저, 커피의 특징을 관찰한다. 둘째, 어떤 향미를 추구할 것인지 결정한다.
- 예제 2 : 먼저, 추구하는 향기와 맛을 구상한다. 둘째, 적합한 커피를 선택한다.

(3) 앞서서 (1)과 (2)가 결정되면, 다음의 순서는 공통되게 진행한다. 추출 도구와 추출 방법을 결정한다. 침지와 투과의 추출 방식에 따라 사용할 도구를 선택한다.

(4) 사용할 물의 조건, 즉 물의 온도, 추출에 사용할 물의 양, 물과 커피가 접촉하는 시간을 정한다.

(5) 분쇄도를 정하여 추출한다.

(6) 희석하여 완성한다.

■ Tip 1.

'물의 온도'는 단맛을 위하여 고온의 물을 사용하고, 강볶음은 저온의 물로 추출한다. '사용할 물의 양' 또는 '추출 액량'은 신맛(Sour)과 연계한다. '총 추출 시간'은 '분쇄도'와 직접적으로 연관되며 구수함, 카페인 용출 등을 고려한다. '커피 사용량'은 최종 제공할 액량에 따라 결정한다.

■ Tip 2. 향미 표현

추출 설계를 위한 향미의 구체적인 표현은 향기로부터 시작하여 맛의 특징과 양감 및 질감을 표현한다. 이는 그린커피의 특성과 추출에서 조절할 수 있는 특성으로 분류하여 표현한다.

상큼한 느낌의 좋은 신맛은 신단맛으로 분류할 수 있으며, 강하고 자극적으로 이취(異臭)[30]를 느끼게 하는 부정적인 신맛이 있을 수 있다. 신단맛은 물만 만나면 추출되나 부정적인 신맛은 추출한 지 오래되면 나타난다. 더불어 신맛과의 조화, 쓴맛과의 관계를 고려하여 표현한다.

커피의 성분인 유리당 또는 아미노산 등이 단맛의 주요 구성원이며, 강볶음으로 진행될수록 커피 성분 중에 분자들이 뭉치고 커지는 현상이 일어나기도 한다. 색상은 검은색에 가까워지며 구수한 맛이나 쓴맛으로 변한다. 단맛 성분은 반드시 고온의 물을 사용해야 추출이 된다. 구수한 맛은 로스팅이 강해져도 잘 사라지지 않고, 대체로 추출 진행 시간이 길어지면 강해진다.

쓴맛은 강볶음으로 분자 값이 커진 성분들과, 클로로겐산이 분해되어 형성된 카페산이나 퀸산 등에 의하여 강렬하고 자극적인 맛이 나타난다. 짠맛은 다른 맛과 어울려 상비작용이나 역비작용을 일으키지만, 커피에서는 대체로 바디에 긍정적인 영향을 미치는 것으로 보인다.

---

30) 이취(Off flavor) : 식품으로 바람직하지 못한 풍미. 지방이 산화 또는 가수 분해되어 산패하는 경우, 단백질과 아미노산이 분해하는 경우처럼 식품성분의 화학적 변화에 의해 생기는 것 또는 외부로부터의 혼입에 의하여 2차적으로 생기는 것 등이 있다. (영양학 사전, 1998, 아카데미서적, 채범석, 김을상).

커피 지도사 1급

🫘 실전 예제 1

케냐 중볶음 커피로, 원하는 향미는 꽃향기, 달콤한 물엿 같은 향기의 약간의 자극적인 신맛이 조청 같은 감칠맛과 어우러지면서 풍부한 바디가 느껴지는 진한 커피를 작고 예쁜 세미 데미타세(80~100㎖) 잔에 마신다.

■ 실전 예제 1의 설계

① 케냐 중볶음의 커피를 준비한다.

② 꽃향기, 달콤한 물엿 같은 향기와 → 중볶음 케냐 커피 15g 준비

③ 약간의 자극적 신맛을 위하여 → 약간 과다 추출 필요, 6용수비 드립

④ 조청 같은 감칠맛을 내기 위하여 → 최대한 뜨거운 물을 사용.

⑤ 바디가 풍부하게 느껴지는 진한 커피를 위하여 → 농도 2.0 이상으로

⑥ 작고 예쁜 세미 데미타세 잔에 75㎖를 만들어

⑦ 약간 높은 온도인 섭씨 50℃로 낸다.

■ 실전 예제 1의 설계 정리

중볶음 케냐 커피 15g, 약간 과다 추출 필요, 6용수비 드립, 물을 끓여가면서 사용, 추출 수율 10% 이상이 되도록 추출, 제공.

위와 같이 커피 추출 설계는 추구하고자 하는 커피의 향미를 구체적으로 표현할 수 있어야 한다. 이는 전체적인 과정에 따라 단계별로 특징과 표현 및 추출 조건을 계획하고 설계하는 데 도움을 줄 것이다.

2) 단계적 절차에 따른 커피 추출 설계 정리하기

다음 표에 커피 추출에 관한 설계 단계를 정리해 보았다.

1	추구하는 향미 제시	향기와 맛(5味)을 구체적으로 제시한다.
2	커피 성격 파악	그린커피 품종, 로스팅 정도, 로스팅 시간 등을 고려하여 추출에 사용되는 커피의 상태를 살핀다.
3	사용 도구와 추출 방법	침지/투과의 추출 방식을 고려하여 사용 도구를 선택한다.
4	사용할 물의 온도 결정	단맛을 내기 위하여 좀 더 고온으로, 강볶음의 쓴맛을 줄이기 위해서는 저온으로 선택한다.
5	총 추출 시간 결정	구수함, 카페인 용출 등과 고려하여 추출 시간을 결정한다.
6	사용할 물의 양 또는 추출 액량 결정	신맛(Sour)의 정도를 고려하여 결정한다.
7	분쇄도 선택	2번의 커피의 성격과 3번의 추출 도구와 5번의 총 추출 시간을 고려하여 선택한다.
8	분쇄 커피 사용량 고려	최종 서비스할 액량을 고려하여 사용할 분쇄 커피양을 결정한다.
9	음용 농도와 음용 온도 고려	결정 추출 액량과 농도 수치를 예상하고 희석 여부를 결정하며 음용할 향미(단맛, 신맛)를 고려하여 서비스할 커피의 온도를 결정한다.
실험 결과	최종 추출 액량, 농도(TDS), 고형 성분의 양, 추출 수율	실험 결과를 직접 데이터화하여 느껴지는 향미와 연결시켜 보자.

3) 예시

(1) 캐러멜 향이 나고 구수하며 중후한 바디를 느낄 수 있는 케냐 커피 한 잔 400ml를 마신다.

🫘 실전 설계
구체적으로 표로 제시하고 실험을 통해 하단에 실험 결과를 기록해 보자.

순서	항목	내용
1	커피 설결 규정	케냐 AA M 볶음도
2	추구하는 향미	캐러멜 향을 동반한 구수한 맛과 약간 텁텁한 바디
3	추출 도구 및 추출 방법	미리 데운 프렌치프레스 사용, 커피 투입량의 4배의 물을 붓고 교반하고 침지
4	추출 온도	96℃ 이상의 끓는 물 사용
5	추출 시간	6분
6	추출 액량	100ml (미분을 줄이기 위해 80ml만 따른다)
7	최종 희석한 후 제공 액량	사용 커피양의 8배까지 희석 400ml
8	분쇄 커피양	커피가루 투입량 50g
9	분쇄도	Coarse
실험 결과	추출 액량	
	농도(TDS)	
	고형성분량	
	추출 수율	

(2) 은은한 과일향(Fruity)과 캐러멜(Caramel) 향을 동반한 신단맛이 나면서 마일드한 케냐 커피를 마신다.

순서	항목	내용
1	커피 성격 규정	케냐 니에리 AA TOP ML볶음도
2	추구하는 향미	은은한 과일향(Fruity)과 캐러멜(Caramel) 향을 동반한 신단맛
3	추출 도구 및 추출 방법	칼리타 드리퍼 사용 스위트 폴오버 핸드드립
4	추출 온도	98℃ 이상의 끓은 물
5	추출 시간	3분
6	추출 액량	20ml

7	최종 희석 후 제공 액량	180ml(사용 커피양의 15배 희석)할 것이므로
8	분쇄 커피양	커피 사용량 12g
9	분쇄도	Regular
실험 결과	추출 액량	
	농도(TDS)	
	고형성분량	
	추출 수율	

(3) 건과일의 단내를 동반하는 구수함을 동반한 달콤 구수한 커피를 마신다.

순서	항목	내용
1	커피 성격 규정	과테말라 SHB 중볶음
2	추구하는 향미	건과일의 단내와 구수함을 동반한 단맛
3	추출 도구 및 추출 방법	칼리타드리퍼 / 더블 폴오버
4	추출 온도	단맛을 내기 위해 고온으로 추출한다. 끓는 물을 가득 채운 주전자로 지그재그로 물을 부어 추출
5	추출 시간	구수함과 연결시켜 결정 3분 후 되붓기로 추출 (구수한 맛을 내는 성분은 어느 정도 시간이 지나야 용해되는 듯)
6	추출 액량	사용할 물의 액량 또는 추출할 커피 액량(Sour와 연관해서 결정) – 투입한 커피의 4배
7	최종 제공 액량	서비스 액량 300ml, 원두 사용량 25g, 추출량 50ml
8	분쇄 커피양	커피 사용량 25g
9	분쇄도	Coarse
실험 결과	추출 액량	
	농도(TDS)	
	고형성분량	
	추출 수율	

커피 지도사 1급

(4) 꽃향기와 단향이 섞여서 코를 즐겁게 하고 묵직한 바디를 동반한 약간의 쓴맛과 단맛 그리고 구수한 맛이 밸런스를 이룬 커피를 마신다.

순서	항목	내용
1	커피 성격 규정	Kenya Kirinyaga AB 중볶음 볶음 시간 – 9분 20초
2	추구하는 향미	꽃향과 단향이 섞여서 코를 즐겁게 하고 묵직한 바디를 동반한 약간의 쓴맛과 단맛 그리고 구수한 맛이 밸런스를 이루는 맛
3	추출 도구 및 추출 방법	고노 드리퍼
4	추출 온도	단맛을 위하여 녹임물은 끓는 물을 사용하고, 쓴맛과 구수한 맛을 위하여 주전자는 가득 채운 상태에서 더 이상 온도를 높이지 않는다.
5	추출 시간	구수한 맛과 묵직한 바디를 위하여 각 회차의 시간 간격은 40~50초로 추출 액량은 커피양의 2배를 8회(구수한 맛을 내는 성분이 유리 아미노산이라고 추측하여)에 걸쳐 안에서 밖으로만 2회씩 달팽이 모양으로 부을 것이다.
6	추출 액량	100㎖(원하는 맛에 Sour가 없으므로 추출 액량 과다가 일어나지 않도록 했다.)
7	최종 제공 액량	물 50㎖를 추가하여 150㎖, 커피가루 투입량 50g
8	분쇄도	구수한 맛을 고려하여 추출 시간이 길어지므로 분쇄도는 Coarse
실험 결과	추출 액량	
	농도(TDS)	
	고형성분량	
	추출 수율	

CHAPTER 9

에스프레소 추출

에스프레소의 이해 심화

목표

- 에스프레소의 기본 이론과 머신의 구조를 이해한다.
- 에스프레소 추출 원리를 알고서 실험을 통해 익히고 해석해 본다.

에스프레소의 이해 심화

1. 에스프레소의 이해

1) 에스프레소의 정의

'에스프레소(Espresso)'라는 단어가 의미하듯 주문 즉시 빠르게 추출하는 커피로 중력의 8~10배에 달하는 압력으로 수용성 성분 외에 비수용성 성분까지 추출되는 커피.

2) 에스프레소 추출 기준

1. 커피양 : 7 ± 0.5g[1]   2. 물의 온도 : 90 ± 2℃

3. 추출 압력 : 9 ± 0.5G   4. 추출 시간 : 25 ± 5초

5. 추출량 : 25 ± 5m[2]l   6. pH : 5.2

---

[31] 에스프레소 추출 기준에서 커피양은 사용하는 머신의 필터바스켓의 크기에 따라 달라질 수 있다. 뒤에서의 실험은 2인용 바스켓 14g를 사용하여 26초에 22ml의 추출을 위하여 18g의 커피양을 사용하였다.

[32] 에스프레소 추출 기준에서 액량은 좋은 맛을 구현하기 위한 기준이다. 사용하는 원두의 상태에 따라 그 기준은 융통성 있게 조절 가능하다. 따라서 20g이 한계라고 여기는 견해가 있다. 같은 의미에서 위 '25± 5초'의 추출 시간도 같은 견해이다.

3) 에스프레소의 물리 · 화학적 특성

에스프레소는 가용성 고형성분과 불용성 커피 오일이 추출되어 커피 추출액에 포함되어 밀도, 점도, 표면장력을 형성하는 물리화학적 특성을 가진 음료이다. 커피 표면에 두터운 크레마(Crema) 층을 형성하는 것은 에스프레소의 중요한 물리 · 화학적 특징이라 할 수 있다.

크레마(Crema)는 영어의 크림(Cream)이란 뜻으로 머신에서 높은 압력으로 에스프레소 추출 시 커피의 지방 성분, 탄산가스, 향 성분과 함께 생성된 미세한 기포를 말한다. 좋은 에스프레소의 크레마는 윤기가 있고 부드러운 적갈색의 미세한 거품이 풍부하면서도 몇 분 동안은 유지되며 설탕을 부어도 잠시 동안 머금고 있을 것이다.

4) 에스프레소의 특징

여타의 다른 추출 방식에 비해 적지 않은 비수용성 성분이 분리되어 나온다.

짧은 추출 시간으로 인해 카페인을 적게 함유하는 것도 에스프레소의 특징이다. 이렇게 알려져 있지만 에스프레소의 향미는 신맛, 쓴맛, 단맛의 밸런스가 좋고 부드럽고 풍부한 바디, 목 넘김이 부드럽고 좋으며 마시고 나서의 향(Aroma, Flavor)이 좋고 15분 이상 지속된다.

에스프레소용 커피로 최근에는 단종 커피(Single Origin Coffee)로만 에스프레소를 추출하기도 하지만 신맛, 쓴맛, 단맛, 향, 바디의 조화를 위해 대부분 두 가지 이상의 생두를 블렌딩(Blending)하여 만든다.

5) 에스프레소 머신

20세기 초 사람들은 보다 빠르게 생산할 수 있는 커피 추출 방식을 요구하게 된다. 이에 따라 수증기의 압력으로 커피를 추출하는 방식을 개발하고 점차 발전하여 오늘날 9바의 압력으로 에스프레소를 추출할 수 있게 되었다.

2. 에스프레소 머신의 발전

1855년	산타이스(Edourard Loysel Santais)
	증기압을 이용한 커피 기계 개발 : 1855년 파리 만국 박람회에 소개
1901년	루이지 베제라(Luigi Bezzera)
	증기압을 이용한 에스프레소 머신 특허 출원
1935년	프란체스코 일리(Francesco Illy)
	증기압 대신 압축 공기를 이용한 에스프레소 머신 개발 : 끓는점까지 도달한 온수는 쓴맛이 지나치게 강해 커피의 향미를 해칠 우려가 있어 물의 온도를 낮춘 압착식 방식 에스프레소 머신
1946년	가지아(Achille Gaggia)
	스프링 방식으로 9기압 이상의 에스프레소 머신 개발. 크레마가 생성이 되는 최초의 머신
1952년	심발리(Cimbali)
	수압 시스템의 에스프레소 머신 발표 : 피스톤의 상하부에 물이 유입 되었다 빠졌다 하면서 피스톤이 위, 아래로 작동되어 추출 압력을 형성하는 머신
1960년	페마(Faema) E61 탄생
	오늘날의 보편적인 에스프레소 머신 방식으로 전동펌프에 의해 뜨거운 물을 커피로 보내는 것이 가능해졌으며 머신의 크기가 작아졌다.

3. 에스프레소 머신의 종류

종류	특성	내용
수동식 머신	사람의 힘에 의해 피스톤을 작동하여 추출하는 방식(레버 방식 등)	Kenya Kirinyaga AB 중볶음 볶음 시간 – 9분 20초
반자동 머신	별도의 그라인더를 통해 분쇄를 한 후 탬핑을 하여 추출하는 방식으로 추출버튼이 on-off로만 되어 있고 플로우 미터(Flow meter)가 없는 것	꽃 향과 단향이 섞여서 코를 즐겁게 하고 묵직한 바디를 동반한 약간의 쓴맛과 단맛 그리고 구수한 맛이 밸런스를 이루는 맛
자동머신	탬핑 작업을 하여 추출을 하나 메모리칩이 장착뇌어 있어 물량을 자동으로 세팅힐 수 있는 방식	구수한 맛과 묵직한 바디를 위하여 각 회차의 시간 간격은 40~50초로 추출 액량은 커피양의 2배를 8회(구수한 맛을 내는 성분이 유리 아미노산이라고 추측하여)에 걸쳐 안에서 밖으로만 2회씩 달팽이 모양으로 부을 것이다.
전자동머신	그라인더가 내장되어 있어 별도의 탬핑 작업 없이 메뉴 버튼의 작동만으로 추출하는 머신	

4. 에스프레소 머신과 그라인더 구조의 이해

1) 에스프레소 머신의 주요 부품

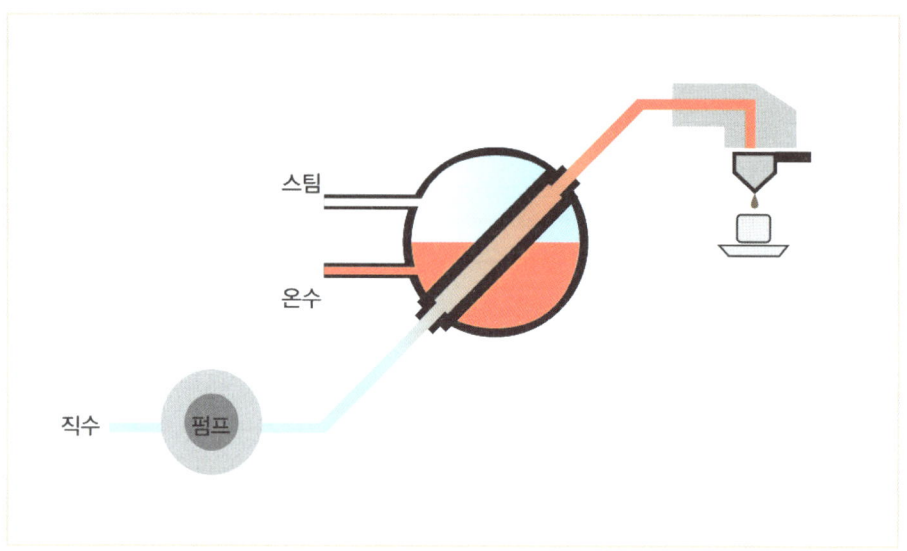

2) 에스프레소 머신 사진

(1) 보일러
열선이 내장되어 있어 전기로 물을 가열해 온수와 스팀을 공급하는 중요한 역할을 한다. 본체는 동 재질로 되어 있으며 내부는 부식을 방지하기 위해 니켈로 도금이 되어 있다.

(2) 그룹헤드
에스프레소 추출을 위해 물이 공급되는 부분으로 포타필터를 장착하는 곳이다.

(3) 디스퍼전 스크린

샤워 홀더를 통과한 물을 미세한 수많은 줄기로 분사시키는 역할을 한다.

(4) 개스킷(Gasket)

추출 시 고온의 물이 새지 않도록 차단하는 역할을 한다.

(5) 디퓨저(Shower holder, Diffuser)

그룹헤드 본체에서 한 줄기로 나온 물이 홀더를 지나면서 4~6개의 물줄기로 갈라져 필터 전체에 골고루 압력이 걸리도록 한다.

(6) 포타필터

분쇄된 커피를 담아 그룹헤드에 장착시키는 도구를 말하며 필터홀더와 필터고정 스프링, 필터, 추출구 등으로 구성되어 있다.

(7) 펌프모터

압력을 9bar까지 상승시켜 주는 역할을 한다. 물 공급이 제대로 원활하지 않으면 심한 소음이 나게 될 뿐만 아니라 압력이 올라가지 않는다.

(8) 솔레노이드 밸브

물의 흐름을 통제하는 부품으로 보일러에 유입되는 찬물과 보일러에서 데워진 온수의 흐름을 조절하는 역할을 한다. 그룹헤드에 부착된 3극 솔레노이드 밸브는 커피 추출에 사용되는 물의 흐름을 통제한다.

(9) 플로우 미터(Flower meter)

사진에 나와 있는 부품은 플로우 미터라는 유량 감지 센서 중 하나이다. 이 부속은 머신의 유량을 조절해 주는 장치이며 이 장치로 인해 추출량을 자동으로 제어할 수 있다. 플로우 미터 내부에 바람개비 모양의 센서가 있고 이 장치가 물의 유량을 감지하기 위해 회전 수를 알려 주게 되고 이 회전수에 도달했을 때 추출을 멈추게 해 주는 장치이다.

(10) 압력 조절기

메인 보일러 안의 압력을 결정지어 주는 장치이다. 일정 압력을 유지할 수 있도록 전기 공급을 담당하는 장치이다. 이 장치가 불량이 되었을 때 전기공급을 차단시키지 못해 보일러의 압력을 계속 상승시킬 수 있으며 이때 과압 방지기가 작동하여 보일러의 폭발을 막을 수 있다.

(11) 과압 방지기

과전압이 흐르거나 전기 차단이 안 되어 지속적으로 보일러 히터에 전류가 공급이 되었을 시 보러 안에 과압이 생겨 보일러 폭발을 방지하는 안전장치이다. 이 장치에는 제조회사에서 이미 설정해 놓은 압력값으로 봉인을 해 두는 경우가 대부분이며 이는 임의대로 조절하면 안 된다. 기본적으로 보일러의 각 부위는 3bar 정도는 견딜 수 있도록 설계가 되어 있지만 각 부위의 노후로 인하여 그 이하의 압력에서도 누압이 발생할 수 있으며, 또 그 이상의 압력이 일정 시간 이상 계속되면 이 장치가 개방되면서 보일러 안의 압력을 외부로 배출시켜 준다. 이때 굉장히 심한 소음과 스팀이 기계 외부로 방출이 되나 기계 전원을 즉시 차단하면 곧 멈추게 된다.

3) 그라인더의 구조

■ 자동 그라인더

호퍼	1.3kg
칼날 타입	원뿔형(Conical burr)
정격	220V/단/450W
크기	W240×D420×H650

① 호퍼 : 원두를 담는 통
② 원두 투입 레버 : 안으로 밀면 닫히고, 밖으로 밀면 열리는 구조
③ 분쇄 입자 조절 레버 : 시계 방향으로 돌리면 입자가 굵어지고 반시계 방향으로 돌리면 입자가 가늘어진다.
④ 원두 추출 버튼 : 원샷, 투샷, 프리 버튼을 눌러 추출(메뉴 버튼으로 추출량 조절)
⑤ ON/OFF 스위치 : 스위치를 '1'에 두면 ON, '0'에 두면 OFF

Model: Kony Electronic

5. 에스프레소 머신 설정하기

1) 보일러 온도 설정

일반적으로 커피 기계들은 압력 조절기로 설정한다. 보일러 히터를 작동시켜 들어가는 전류를 조절하며 보일러에 압력을 만들어 주고 일정 압력에 도달할 때까지 전기를 공급하여 물을 끓게 만든다. 일반적으로 보일러는 압력 1bar~1.3bar 정도로 세팅한다.

요즘 신형 기계에서는 디지털 온도 센서를 장착한 머신들이 선보이고 있고 온도를 수치화하여 쉽게 인지할 수 있지만 아날로그보다 고장률이 높고 비싸다는 단점이 있다.

2) 물양 설정하기

커피 기계에는 수동과 자동으로 나눌 수 있다. 수동은 모든 작동을 바리스타가 통제하고 제어해야 하지만 자동은 기계 스스로 통제되고 제어될 수 있도록 세팅 가능한 기계이다. 이를 관여하는 장치가 플로우 미터이다

대부분의 기계에서 물양을 세팅하는 방법은 ①프리버튼을 3초 이상 길게 누른다. ②모든 버튼이 점등된다. ③이때 필터홀더에 분쇄된 커피를 담고 장착한 후 설정하고자 하는 추출버튼을 누른다. ④추출하고자 하는 양이 되면, 한 번 더 추출버튼을 누른다. 추출을 멈추면 설정이 된 것이다.

그룹을 기준으로 하여, 좌측 그룹이 메인인 경우가 많아 좌측을 설정하면 그 설정값이 그대로 우측 그룹에도 저장되어 적용되는 경우가 많다. 때로는 우측 그룹을 수동으로 저장해야 하는 경우도 있고 따로 설정을 해야 하는 경우도 간혹 있다.

3) 추출 압력 설정하기

추출 압력은 펌프에 의해서 결정된다. 보통 8~10bar로 설정되며 펌프에 부착된 압력 조절 나사로 조절한다. 현재 추출 압력이 6bar로 설정되어 있어 9bar로 상승시키고 싶다면, ①조절나사의 고정 너트를 먼저 풀고 ②조절나사를 시계방향으로 돌려 조절한다. 이때 추출버튼을 눌러 작동되는 중에 조절을 해야 좀 더 정확히 원하는 추출 압력을 설정할 수 있다. ③설정이 완료되면 고정 너트를 다시 잠근다.

6. 에스프레소 머신 추출 구조의 이해

에스프레소 머신은 분쇄된 커피를 뜨거운 물로 추출하는 방식을 기계화한 것으로 이

해하면 뒤다, 에스프레소 머신은 일반적으로 상수도와 직접 연결되어 있어 물의 공급을 수동으로 할 필요가 없다. 또한 배수되는 물도 바로 하수구로 바로 연결이 되어 있는 것이 일반적이다. 간혹 이런 시설을 할 수 없는 장소에는 간이 진동펌프와 배수통이 연결시켜 사용하기도 한다.

우선 설치가 완료된 에스프레소 머신에 전원을 커서 보일러에 물을 충전하여 끓이고, 전원 스위치는 보통 머신 앞쪽면 중앙이나 가장자리에 위치하는 것이 보통이나 간혹 기계 바닥이나 바다 트레이를 들어내야 보이는 머신도 있다.

전원 스위치는 보통 0, 1, 2 또는 0, 1로 표시되어 있다. 보통 0은 전원 off 상태를 의미하고, 1은 보일러 안쪽에 충분한 급수를, 2는 모든 기능을 사용하며 보일러 안쪽 히팅 코일에 전력을 보내 뜨겁게 끓여주는 역할을 한다. 2단계로 되어 있는 기계는 0은 off, 1은 on을 의미한다.

위의 과정을 거쳐 보일러 히팅이 완료되면 보일러의 압력 게이지가 1~1.3 bar에 바늘이 위치하면 추출을 시작하기에 가장 용이하다. 추출 시 버튼을 눌러 추출 압력이 9 ± 1bar가 되는지와 스팀 레버를 열어 스팀은 잘 나오는지 확인해 보는 작업을 한다.

추출 버튼을 누르고 추출을 시작하면 모터펌프가 작동하여 물을 일정한 압력으로 물을 솔레노이드 밸브로 보내며 그룹헤드로 연결해 주어 포타필터 안쪽에 있는 커피가루를 적셔 주어 침투, 용해, 분리를 거쳐 추출된다.

7. 다양한 추출 조건에 따른 추출 현상

1) 바텀리스(Bottomless)를 이용한 포타필터 추출 현상

(1) 정상 탬핑

 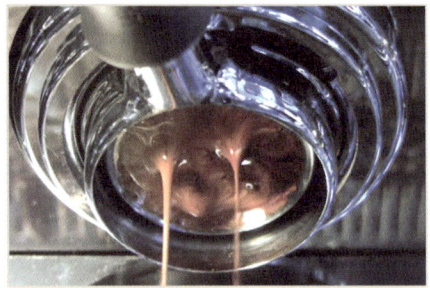

(2) 탬핑이 기울었을 때

(3) 지나친 태핑

 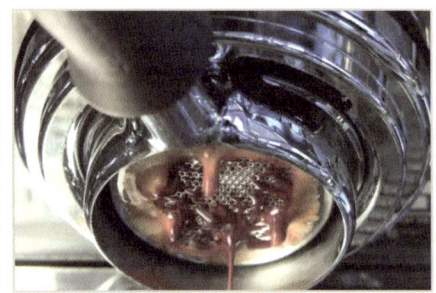

8. 다양한 추출 조건에 따른 실험 및 결과 분석(TDS 측정)

🫘 준비물

에스프레소 머신(Robot 3 Groups), 그라인더(Compak YS), illy원두(ICS다크, ICN미디움), TDS 측정기(MozoTogo), 멤브레인 필터(TDS filter), VST CoffeeTool 소프트웨어

🫘 실험 도구 : 정상 추출인 경우(기준 대상)

	커피 원두*		물과 만나는 상태	
볶음도	Whole Bean : Agtron #53, Ground Bean : Agtron #58	사용 온도	93℃	
분쇄 정도	에스프레소 입자 (0.3mm 이하)	추출 액량	22g (Double shot 합하여 사용 : 44g)	
사용 커피양	18g (14g 2인용 필터바스켓 사용)	추출 시간	26초	
탬핑	20kg 힘	Syringe Filter	VST inc Digital Refractometer	

* illy 커피 : 질소 압축 포장팩을 오픈하여 사용

🫘 실험 방법[33] : 기준 대상 커피

① 기준 대상 커피는 26초에 한 샷당 22ml를 추출한다.

② 샷(Shot)을 합한 후 더블 샷(44ml)을 만든다. 수저를 이용하여 크레마를 혼합한 후 작은 종이컵으로 25℃가 되게 식힌다.

③ 그 후 주사기로 빨아들인 다음 멤브레인 필터를 끼우고

④ TDS값을 측정한다.

---

33) 3차례 실험 결과를 평균내어 정리함. 1차 6월1일, 2차 6월 21일, 3차 6월 28일

🫘 실험 주의사항

① 커피 팩킹은 추출 시간(26초), 추출 액량(한 샷, 22ml)을 기준으로 하여 분쇄도를 조
   절하여 평가하였다.

② 평가 대상 커피를 기준으로 하여 나머지 다양한 추출 조건을 비교 평가하였다.

③ 스파웃 간의 추출 편차를 줄이기 위하여 추출된 샷을 합하여 더블샷(Double shot)
   으로 만들어 측정하였다.

1) 에스프레소 실험 : 부적절한 팩킹

조건	커피	상태			TDS (Total Dissolved Solids)	추출 용액의 고형성분 함량(g)*	추출 수율** (%)
		추출 현상	크레마	담는 현상			
기준 대상	분쇄 커피양 : 18g 추출 시간 : 26초 추출된 용액 : 44g (Double shot의 합)				7.73	3.4012	18.9
저온	분쇄 커피양 : 18g 추출 시간 : 26초 추출된 용액 : 46g (Double shot의 합)				7.3	3.358	18.66
부적절한 레벨링	분쇄 커피양 : 18g 추출 시간 : 26초 추출된 용액 : 55g (Double shot의 합)				6.48	2.916	16.2

부적절하 수평	분쇄 커피양 : 18g 추출 시간 : 26초 추출된 용액 : 52g (Double shot의 합)				5.69	2.9588	16.44
많은 커피양	분쇄 커피양 : 20g 추출 시간 : 26초 추출된 용액 : 44g (Double shot의 합)				8.25	3.63	18.15

*고형분 함량(g=TDS*추출 액량/100)

**추출 수율(%=고형분*100/커피 사용량)

■ 부적절한 팩킹 결과 해석

(1) 기준 대상

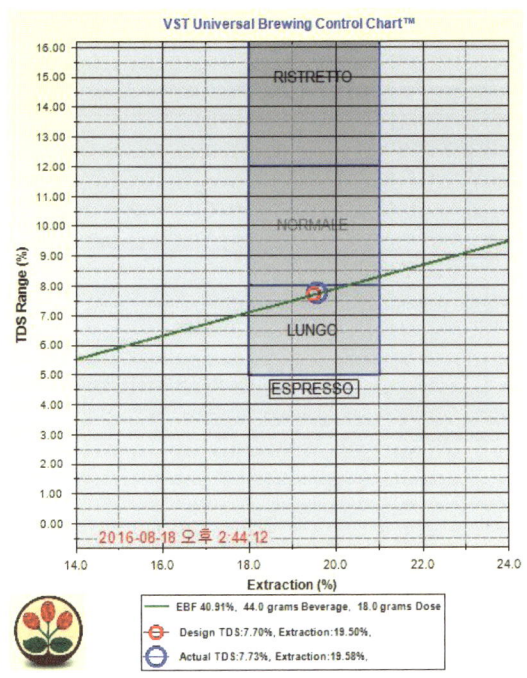

VST CoffeeTool 소프트웨어에서는 에스프레소의 추출 수율을 19.5%±1.5인 것을 적정

추출로 정의하고 있으며, 농도(TDS%) 범위는 룽고 7.5%±1.5, 일반 에스프레소 10%±2, 리스트레토 15%±3으로 기준 삼고 있다.

본 실험의 기준 대상은 18g의 커피를 사용하여 26초에 22ml(1shot)를 추출하였다. 양쪽 샷의 추출 편차를 줄이기 위하여 양쪽 샷을 합하여 측정하였다. 농도는 7.73%이고 고형 성분의 양은 3.401g이며 추출 수율은 18.90%를 나타내고 있다.

3번의 실험을 통한 평균값을 구하였다. 그 평균 결과값에 준하여 다른 조건들을 살펴보았다.

(2) 탬핑을 하지 않을 경우

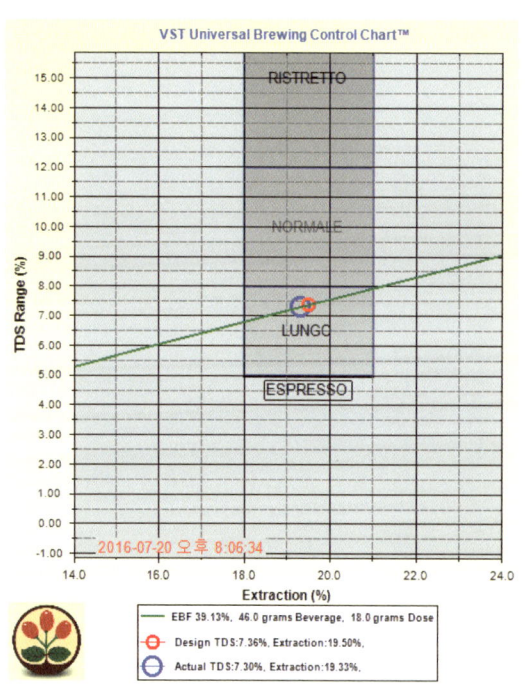

탬핑을 하지 않은 에스프레소의 추출 결과를 살펴보았다. 추출 수율은 기준 대상의 커피(18.90%)에 비해 약간 낮게(18.66%) 나타났으며 추출된 농도도 기준 커피에 비해 약간 낮은 근사값을 보이고 있다. 따라서 탬핑의 유무에 큰 영향을 받지 않는 것을 알 수 있다.

커피 지도사 1급

(3) 부적절한 레벨링인 경우   (4) 부적절한 수평밀도인 경우

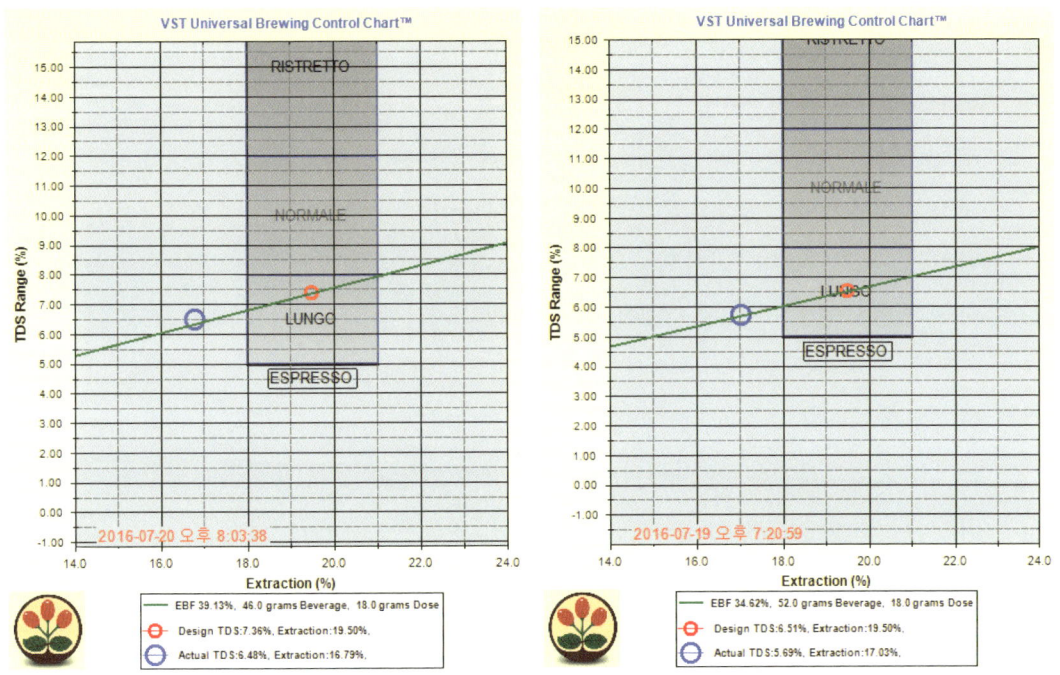

커피 팩킹을 할 때 레벨링을 정확하게 하지 않은 경우와 수평밀도가 부적절한 경우
의 에스프레소 추출 결과를 살펴보았다. 커피 추출 액량은 기준 커피의 용액량보다 둘
다 많이 추출되었다. 추출 수율과 농도는 기준 대상의 커피(18.90%)에 비해 둘 다 현저히
낮게 나타났다. 이러한 부적절한 추출 팩킹 동작은 과소 추출을 초래하고 있음을 알 수
있었다. 앞에서 실험한 어떠한 팩킹 동작이 잘못되었을 때 더 큰 영향을 미치는지를 따
지는 것보다 이 두 요소 모두 커피의 향미에 크나큰 영향을 미칠 수 있음을 인지하는
것이 우선되어야 할 것이다.

(5) 많은 커피양 사용[34]

많은 커피가루를 사용한 경우 에스프레소의 추출 결과를 살펴보았다. 많은 커피양 (20g)을 사용한 실험에서 추출 시간을 기준 커피의 추출 시간과 동일하게 만들기 위하여 분쇄도를 굵게 변경하였다. 그 결과로서 추출 수율은 기준 대상의 커피(18.90%)에 비해 낮게(18.15%) 나타났지만 농도(TDS)는 높게(8.25%) 나타났다. 이는 분쇄가 굵어서 입자의 내부 성분이 덜 나왔다고 볼 수 있다. 커피의 양이 많아 내부의 저항이 강해지면 물이 흘러나오기 어려워지면서 약한 부분을 찾아 나오기 때문에 부분적으로 치우친 추출이 진행된다. 이것처럼 고른 추출이 일어나지 않아 커피 수율은 낮게 나타난 것으로 여겨진다. 또한 기준 커피의 추출 시간(26초)에 준하여 추출하였으므로 커피 사용량에 비하여 추출 액량이 적은 편이었기 때문에 실험 커피의 농도(TDS)는 기준 대상 커피의 농도에 비해 높은 수치를 나타내었다. 따라서 사용하는 커피양은 커피 추출에 영향을 미치는 것을 알 수 있었다.

2) 에스프레소 실험 : 온도 차이

조건	커피	상태			TDS (Total Dissolved Solids)	추출 용액의 고형성분 함량(g)*	추출 수율** (%)
		추출 현상	크레마	담는 현상			
기준 대상	분쇄 커피양 : 18g 추출 시간 : 26초 추출된 용액 : 44g (Double shot의 합)				7.73	3.4012	18.9
저온	분쇄 커피양 : 18g 추출 시간 : 26초 추출된 용액 : 50g (Double shot의 합) 온도 : 83.5℃				6.64	3.32	18.44

34) 여기서는 추출 시간(26초)에 준하여 분쇄도를 조절하여 실험하였으나 같은 분쇄도에서 시간과 양을 따져 보는 것도 의미가 있었을 것으로 여겨진다.

(1) 저온의 물 사용

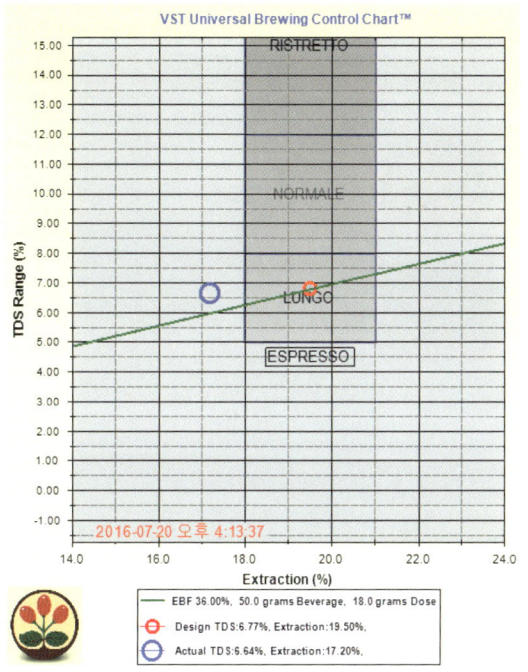

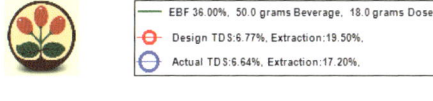

저온(83.5℃)으로 추출한 에스프레소의 추출 결과를 살펴보았다. 추출 수율과 농도는 기준 대상의 커피(18.90%)에 비해 모두 현저히 낮게 나타났다. 저온의 물을 이용한 커피 추출은 고른 추출을 유도하지 못하고 있음을 알 수 있다. 기준 커피의 추출 용액 농도에 비해 과소 추출된 것을 알 수 있다.[35]

---

35) 과소 추출 : 언더 익스트랙션(Under extraction). 추출이 진행되는 과정에서 물의 흐름이 고르지 않았거나 추출 시간이 부족하여 나타나는 현상. 향미가 부족하여 물맛이 나는 커피를 말한다. 추출 액량이 부족한 것을 말하는 것은 아니다.
　　과다 추출 : 오버 익스트랙션(Over extraction). 에스프레소를 뽑을 때 추출액이 많았거나 시간이 길어진 추출. 일반적으로 지나친 신맛이나 쓴맛의 원인이 된다.

3) 에스프레소 실험 : 로스팅 정도

조건	커피	상태			TDS (Total Dissolved Solids)	추출 용액의 고형성분 함량(g)*	추출 수율** (%)
		추출 현상	크레마	담는 현상			
기준 대상	분쇄 커피양 : 18g 추출 시간 : 26초 추출된 용액 : 44g (Double shot의 합)				7.73	3.4012	18.9
밝은 커피 (홀빈:Agtron #63.3 그라운드커피 : Agtron#73)	분쇄 커피양 : 18g 추출 시간 : 26초 추출된 용액 : 45g (Double shot의 합)				7.28	3.276	18.2

(1) 로스팅 정도 차이

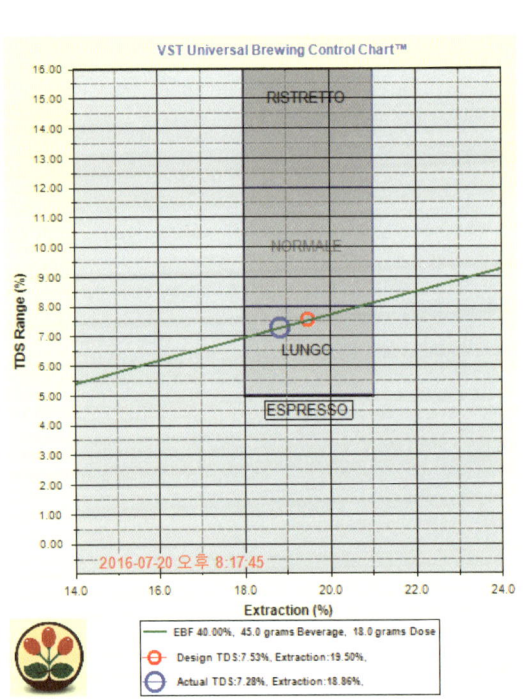

커피 지도사 1급

로스팅 정도가 다른 커피를 사용하여 추출한 에스프레소의 결과를 살펴보았다.

추출 수율은 기준 대상의 커피(18.90%)에 비해 약간 낮게(18.20%) 나타났고 농도(TDS)노 약간 낮게(7.28%) 나타났다. 이러한 결과는 기준 대상 커피(Whole Bean : Agtron #53)를 위해 잡은 기준(시간, 양)에 준하여 비교해 보는 것은 호도할 가능성이 있다. 밝게 로스팅된 커피는 그에 맞는 기준(시간, 양)을 마련하여 추출해 보고 그에 따른 농도와 수율을 따져 보아야 할 것이다.

로스팅 정도에 따라 커피 조직의 상태는 달라지고 추출에 영향을 미치므로 로스팅 정도와 로스팅한 시간 등의 프로파일을 살피는 것은 필수적인 일이다.

집필진

이상규 한국커피협회 회장
신혜경 젬인브라운 대표 / 전주기전대학 교수
신미경 김포제일공업고 교사
우상은 코어 대표
김대곤 illy Korea 부장
서혜승 대전시민대학 교수
이성우 로빈커피아카데미 원장
박찬영 5star 커피교육학원 원장
감수 **이정기** 한국커피협회 전(前) 회장

커피 지도사 1급

1판 1쇄 발행 2016년 9월 9일
1판 3쇄 발행 2022년 2월 3일

지은이 (사)한국커피협회
펴낸이 강창범
펴낸곳 (주)커피투데이

출판등록 제2012-16호
주소 경기도 평택시 중앙2로 154-1
물류센터 070-7520-2114
홈페이지 www.coffeetoday.kr
전자우편 coffee2day@daum.net

가격 17,000원
ISBN 979-11-86627-08-2 (13570)